W0012199

Der kluge
und rechtsverständige
Hausvater

DER KLUGE
UND RECHTSVERSTÄNDIGE
HAUSVATER

———

RATSCHLÄGE, LEHREN
UND BETRACHTUNGEN
DES FRANCISCUS
PHILIPPUS
FLORINUS

UNION VERLAG
BERLIN

Herausgegeben, mit einem Geleitwort
und einem Nachwort versehen
von Ingrid Möller

Mit Reproduktionen
aus dem Originalwerk,
das uns dankenswerterweise
die Wissenschaftliche Allgemeinbibliothek
des Bezirkes Schwerin
zur Verfügung
stellte

ISBN 3-372-00198-2
ISBN 3-372-00252-0 (Leder)

Lebensauffassungen sind zählebig. Kritiklos werden sie weitergereicht von einer Generation auf die andere. Sie werden akzeptiert als etwas Selbstverständliches, Richtiges, Altbewährtes, an dem es nichts zu rütteln gibt. Gewiß, Lebenserfahrung kann Irrtümer vermeiden helfen. Leider aber werden auch Irrtümer mit dem Nimbus des Unantastbaren weitergereicht.

So erklärt sich, wieviel Unzeitgemäßes und längst Überlebtes noch heute in vielen Hirnen Platz hat, wieviel patriarchalischer Herrschaftsanspruch bei Männern, wieviel Abhängigkeitsmißbrauch gegenüber Kindern, deren Willen angeblich ‹gebrochen› werden muß, wieviel Aberglauben zum Beispiel bei der Krankheitsbekämpfung. Da drängt sich die Frage auf, woher solche ‹Weisheiten› kommen. Nur mündliche Überlieferung kann es nicht sein. Buchwissen also? Man stößt auf die heute weitgehend in Vergessenheit geratenen Hausvater-Bücher, die in enzyklopädischer Weise alle Bereiche abhandeln, mit denen sich ein gewissenhafter Hausvater zu befassen hat – von der Ehestiftung bis zur Haushaltsorganisation, vom Hausbau bis zu Ackerbau und Viehzucht, von der Gartengestaltung bis zu medizinischen Fragen. Sie sind Lexikon, Erbauungsbuch, Naturlehre, Baufachbuch, Gesetzessammlung, Koch- und ‹Doktor›-Buch in einem. An Ausführlichkeit lassen sie nichts zu wünschen übrig. Am wenigsten der ‹Klug- und Rechts-verständige Haus-Vatter› des Franciscus Philippus Florinus mit seinen respektablen 2406 Seiten. 1702 in Nürnberg, Frankfurt, Leipzig erschienen, hatte das Buch Nachauflagen ein halbes Jahrhundert lang. Was hier – verknappt und dem heutigen Sprachgebrauch angepaßt – daraus zitiert ist, erfaßt nur Grundsätzliches. Damals als ernst zu nehmendes populärwissenschaftliches Werk verfaßt, lesen wir es heute mit dem fast 300jährigen Abstand teils mit Verblüffung, teils mit Schmunzeln, teils mit Nachdenklichkeit, teils aber auch mit Betroffenheit. In diesem Sinne mag es als Hilfe zur Überprüfung und Korrektur eigener Standpunkte verstanden werden.

Es ist unsere Meinung gar nicht, daß wir dem Hausvater wider seinen Willen das eheliche Leben aufdringen wollen. Denn obwohl die Ehe ein von Gott verordneter Stand und Beruf ist, so ist sie doch nicht allen Menschen ohne Unterschied befohlen, so daß es Sünde wäre, wenn jemand ohne Ehe bliebe.

Es sind aber bei vielen Völkern – auch sogar bei unseren Vorfahren – solche Leute, die das uneheliche Leben der Ehe vorzogen, sehr verhaßt gewesen und mit vielen Beschimpfungen und Strafen belegt worden. Diese *Hagestolze* haben *bei den Griechen* aufgrund des ihnen von Likurg gegebenen Gesetzes sich bei keinen Ehren- oder Schauspielen einfinden dürfen, sondern mußten vielmehr bei kalter Winterszeit öffentlich auf dem Markt nackt in einem Kreis herumgehen, ein schimpflich Hagestolz-Lied singend und damit selbst bezeugend, daß ihnen recht geschehe, weil sie die Gesetze verachteten und ehelos blieben.

Bei den Korinthern insonderheit werden sie nach ihrem Tode keines ehrlichen Begräbnisses für würdig geachtet; *bei den Athenern* aber sind sie von Weibspersonen um die Altäre getrieben und mit Peitschen und Ruten öffentlich gehauen worden, bis sie – zur Vermeidung solches großen Schimpfs – sich Weiber aussuchten.

Bei den Römern haben sie noch zu Lebzeiten einen guten Teil ihres Vermögens in den öffentlichen Säckel legen müssen. Ja, wenn ihnen eine reiche Erbschaft zufiel, konnten sie – als unfähig und unwürdig – nichts davon erlangen, sofern sie sich nicht innerhalb hundert Tage in den Ehestand begaben.

Und solches alles ist aus diesem Fundament und Hauptgrund *so geordnet worden, damit nicht mit der Zeit der ehelose Stand beliebter, angenehmer und höher als der eheliche gehalten wird* und unter solcher Freiheit keine leichtfertige Lebensart und unechte Verwirrung einreißen möge.

WAS BEI DER WAHL DES EHEWEIBS
ZU BEACHTEN IST

Was die Ehe selbst betrifft, so kann selbige nicht eher vollzogen werden, bis die Kontrahenten *das rechtmäßige Alter* dazu erlangt haben. Wie man aber das rechtmäßige Alter verstehen soll, darüber haben zu allen Zeiten unterschiedliche Meinungen bestanden. Nicht ohne Grund wird bis zum achtzehnten oder zwanzigsten Jahr widerraten. Wenn aber die Kontrahenten so beschaffen sind, daß das Mägdlein nach dem zwölften und der Jüngling nach dem vierzehnten Jahr die Begierden nicht mehr auf- und im Zaum zu halten vermögen, in solchem Fall wäre freilich besser, man ließe sie lieber die Ehe vollziehen, als daß man ihnen Gelegenheit an die Hand gäbe, fleischliche Sünden zu begehen. Nachdem der Mittelweg überall der sicherste ist, so mag auch ein mittelmäßiges Alter zum Ehestande als das bequemste geraten sein.

Es soll vor allen Dingen eine solche Person gewählt werden, gegen die man einer *recht gegründeten Liebe* in sich selbst versichert ist. Denn wie ein Leben ohne Liebe kaum ein solches Leben zu nennen ist, so ist eine Ehe ohne Liebe kaum eine halbe Ehe. *Wenn zwei nicht ein Geist und Seele sind, so wird's wenig* nützen, ob sie schon ein Leib und Fleisch geworden sind. Darum soll man auch nicht sehen auf bloße *Schönheit, Reichtum und dergleichen Dinge*, worin sich die Welt gemeinhin vergafft und weshalb es so viele ungeratene Ehen in der Welt gibt.

Oft ist in einem schönen Weibe eine häßliche Seele verborgen! Wie bald ist die Schönheit durch Krankheit und Zufall verloren, wo bleibt dann die Liebe, wenn die glatte, schöne Haut häßlich und runzlig geworden ist? Auch ist Schönheit neben der Gefahr, daß sie leicht verlorengeht, ein gefährlich Gut: ein reiner Spiegel ist gar bald befleckt und ein schönes Bild gar bald bekleckst. Was nützt auch solche Schönheit, bei der sich gemeinhin Hochmut, Verzärtelung und Müßiggang finden!

Auch kann *Reichtum* der feste Grund nicht sein, denn er ist vergänglich und flüchtig, wandert von einem zum anderen. Wenn die Liebe keinen anderen Grund hat, so muß sie mit dem Gelde zerrinnen, was auch von allen dergleichen nichtigen, vergänglichen Dingen zu halten ist.

Die *Gleichheit*, die zur ehelichen Liebe gehört, erfordert eine Gleichheit des Alters. Jung und alt läßt sich nicht leicht zusammen paaren.

Ferner soll der Hausvater bei seiner Wahl sich hüten und vorher wohl bedenken, daß er nicht zu nahe in die *Blutsverwandtschaft* oder – so er Witwer ist – in die Schwägerschaft heirate. Was ohne *Rat* angefangen wird, kann selten ein gutes Ende nehmen. *Viele Augen können mehr sehen als ein Auge, insbesondere wenn es, von dem blauen Dunst unordentlicher Liebe geblendet*, die Sache in ihrer wahren, eigentlichen Gestalt nicht zu sehen vermag, sondern nur sieht wie einer, der durch ein blaues Glas alles blau sieht. Hierbei betrügt er sich rechtschaffen, wenn die Vernunft nicht mit einem anderen Auge zugleich hinsieht und ihn von solchem Urteil zurückzieht.

Je nachdem die Heirat gerät, findet man den Himmel oder die Hölle.

Derjenige, der seine ledigen Jahre bei fleischlichem Leben und wohl gar in offenbarer Leichtfertigkeit zugebracht hat, soll merken, daß er durch Änderung und Ablegung solchen Lebens vorher zu einem anderen Menschen wird. Er soll sich mit Gott aussöhnen, damit er nicht statt des Segens den Fluch in die Ehe bringt und dasjenige auslöffeln muß, was er sich selbst eingebrockt hat.

VON DEN GEFAHREN
LANGER VERLOBUNGSZEIT

Der Aufschub der Heirat ist aus mancherlei Ursachen gefährlich. Ich glaube, daß sich der Satan kaum bei einer göttlichen Stiftung und Ordnung als Feind und Lästerer geschäftiger zeigt als hier. Da erregt er falsche böse Lästerzungen, die durch ihre Verleumdungen die Verlobten gegeneinander verhaßt machen sollen.

Es sollten auch verlobte Personen vor vollzogener Ehe *nicht häuslich beisammen wohnen.* Dies ist gefährlich und gibt Gelegenheit einmal, daß die eheliche Liebe nicht tief wurzeln kann. *Denn was man selten sieht, danach verlangt man viel begierlicher,* liebt es auch inniger als dasjenige, welches durch täglichen Umgang bereits allgemein geworden ist. Mag einer des anderen Weise, die er aus solchem langwierigen Umgang kennengelernt hat, nicht, so denkt er wohl an Trennung, die bei vollzogener Ehe nicht so leicht stattfindet. Nächst dieser Gefahr gibt solche Beisammenwohnung augenscheinliche *Versuchung zu schändlichem Ausbruch fleischlicher Lüste*, die in der jugendlichen Hitze im Herzen meist um solche Zeit ohnehin glimmen. *Wo nun Stroh und Feuer in die Nähe zusammenkommen, da entzünden sie sich zu einem unauslöschlichen Brande.* Selbst wenn man sich solcher Versuchungen zu entgehen stark genug zu sein vermessen wollte, so ist man gleichwohl es sich schuldig, allen bösen Schein zu meiden.

DIE HOCHZEITSFEIER

Die Hochzeitsmahle sollen in Gottesfurcht, bei Mäßigkeit, Zucht und Ehrbarkeit, ohne alle Üppigkeit und unnötigen Überfluß gehalten werden. Fröhlichkeit mag an dem Tage der Freude dabeisein, nur daß die Freude in Schranken bleibe und am wenigsten dem Stifter dieses Standes nicht entgegen sei oder gar zu Schimpf gereiche.

Unzüchtige Scherz- und garstige Reden, die man vom Ehestande gegen die neuen Eheleute führt, bleiben Sünden, die Gott mißfallen.

VON DER GRUNDLEGUNG
EINER HAUSHALTUNG

Wer einen beständigen Bau in die Höhe zu führen gedenkt, der muß zuerst einen beständigen Grund legen. Es ist aber eine Sache, die an sich bekannt und unwiderleglich ist, daß eine ordentliche wohlbestellte Haushaltung – sie sei nun in die Enge gezogen oder weitläufig – niemals auf einer einzigen Person beruhe, sondern eine *Sozietät oder Gesellschaft verschiedener Personen* erfordert. Gleichwie die Ökonomie des menschlichen Leibes nur so lange im Stande der Gesundheit bleibt, wie Haupt, Herz, Lunge, Magen, Hände, Füße und die übrigen Glieder in Ordnung sind, so kann es auch in einer Haushaltung nicht besser gehen, als daß *der Hausvater als das Haupt* seine untergebenen *Hausgenossen als die Glieder* regieren sollte und denselben ihre Verrichtungen anweisen und austeilen sollte. Wenn er sein Amt gar verläßt oder doch fahrlässig verrichtet, so ist das so verkehrt, als wenn die Glieder statt sich regieren zu lassen, entweder selbst regieren wollen oder sonst ihre Schuldigkeit vergessen oder nicht pflichtgemäß verrichten. Welches dann so verkehrt ist, *als wenn die Füße über dem Kopf* stehen wollten, das Haupt aber unter den Füßen liegen und sich von denselben treten lassen wollte.

WIE SICH DER HAUSVATER SELBST REGIEREN ODER GEGEN SICH SELBST VERHALTEN SOLL

Da wir von seinem Leben und Wandel handeln, hat sich der Hausvater *anzusehen als die edelste unter allen sichtbaren Kreaturen*, die von Gott nicht allein einen sterblichen Leib und was demselben angehöret, sondern auch eine unsterbliche Seele als teure Güter empfangen hat, mit welcher er als ein guter Hausvater so umgehen soll, daß er es einst gegen seinen Schöpfer verantworten kann.

Auf die *Regungen in seiner Seele*, welche man Gemütsbewegungen, Affekte, Leidenschaften oder Neigungen nennt und die man in die zwei Arten – die zornartige und die begierliche – einzuteilen pflegt, soll der Hausvater sorgfältige Achtung geben. Er soll weder durch unmäßigen Zorn, Furcht, Traurigkeit und dergleichen in Kleinmut oder Unmut, noch andererseits durch unmäßige Liebe, Begierde, Hoffnung, Freude und dergleichen in Übermut verfallen, so daß er außer sich gerät und sich gleichsam selbst verliert. Vielmehr soll er allezeit in seiner Ordnung und Ruhe des Gemüts *indifferent* bleiben können und alle Kräfte und Gedanken sammeln und in eines zusammenziehen.

Seinen Leib als der Seele Werkzeug und Wohnung soll er nach allem Vermögen bei Leben und Kräften halten. Er soll demselben die Notdurft in Essen, Trinken, Kleidern, Ruhe, Pflege und Arznei, die er nötig hat, gönnen und widerfahren lassen. Hingegen wo er mit ängstlichen Sorgen, Kümmernis, Geiz, *unmäßiger oder unnötiger Arbeit* seine Gesundheit schwächt oder gar das Leben verkürzt, so ist er ein unbilliger, *unbarmherziger Mann gegen sein Fleisch und Blut* und gehört in die Rubrik derer, über die längst dies Urteil gesprochen ist: *«wer sich selbst nichts Gutes tut, wie sollte der anderen Gutes tun?»* Er wird seines Gutes nimmer froh. Es gibt kein schändlicheres Ding, als daß einer sich selbst nichts Gutes gönnt, und das ist die rechte Plage für seine Bosheit.

Jedoch soll dies keineswegs so verstanden werden, daß man andererseits den Leib mit gar zu delikaten und dem Geschmack anmutigen Speisen und Getränken zu zart halten, demselben schmeicheln und darin seine rechte Freude und Glückseligkeit suchen und andere geringere Hauskost dagegen mit Unwillen essen sollte. Denn dann dürfte es mit einer gewöhnlichen bürgerlichen Haushaltung auf die Dauer nicht gut gehen. Deshalb ist dem Hausvater zu raten, daß er *den ungezähmten lüsternen Appetit zuzeiten abbrechen und fasten* soll. So bleibt er bei gesunden Tagen, längerem Leben und guten Gemütskräften seiner Haushaltung nützlich.

Es soll ein Hausvater allezeit und überall *wachsam, vorsichtig, häuslich, sparsam, bescheiden, munter, emsig* und in vielen Fällen *verschwiegen* sein und alles zur rechten Zeit anzuschaffen wissen.

Des Hausvaters Umsicht und Gegenwart soll in einer Haushaltung nicht allein als wohlanständig, sondern auch als höchstnötig erachtet werden. Es ist ein altes Sprichwort, daß des Herrn Auge das Pferd fett mache und kein Mist den Acker besser dünge als der, den der Hausherr an seinen Schuhen selbst aufs Feld trägt.

Wo er aber in der *Trunkenheit* seine Vernunft ertränkt oder vergräbt, so daß er nichts als die äußere Gestalt eines Menschen behält – was sollte man dann wohl von ihm zu hoffen haben? Er kann bei einer Zeche in wenigen Stunden mehr versaufen und durch seinen Hals laufen lassen, als er in vielen Tagen wieder erwerben kann. Mancher ist bei nüchternen Sinnen karg genug, läßt sich aber in der Trunkenheit zu allem bereden. Man kriegt von ihm Feld, Geld, Hunde, Rosse und dergleichen mehr. Er schlägt Fenster und Öfen ein und zerbricht, was ihm in den Weg kommt. Wo bleibt menschliche Bescheidenheit, wenn der Trunkenbold sich zu einem grimmigen Bären und Wüterich, zu einem hüpfenden, springenden Kalbe oder auch unflätigen Hunde – der widerspeit, was er gefressen hat – besoffen hat?

So lieb nun einem Hausvater seine Nahrungsaufnahme ist, so verhaßt soll ihm Völlerei sein.

Ein christlicher Hausvater soll sich *aller zauberischen und abergläubischen Mittel als zum Beispiel des Kristallsehens enthalten*, weil dadurch gesehene und zukünftige Dinge vermittelst der Hilfe und Gemeinschaft des Teufels geschehen und dadurch eine häusliche Verbindung mit dem *Satan* gemacht wird. Nicht weniger soll er sich enthalten des *Segensprechens*, durch das zwar mit dem Teufel kein Gespräch oder Gemeinschaft gehalten wird, aber auf abergläubische und verbotene Weise durch verdächtige Charaktere Krankheiten geheilt, Diebstähle entdeckt und andere unzulässige Dinge verübt werden. Weshalb dergleichen Segensprecher mit willkürlicher Strafe wie Gefängnis, Landesverweisung oder Staupenschlag belegt werden.

WIE SICH DER HAUSVATER GEGENÜBER SEINEM EHEWEIB VERHALTEN SOLL

Die allgemeinste Pflicht, die der Hausvater seinem Weibe schuldig ist, ist die *Liebe*. Da die Eheleute miteinander viel näher verwandt sind als Vater und Sohn, Bruder und Schwester, um so viel inniger und verbindlicher muß auch ihre Liebe sein. Wenn ein Freund von anderen *alter ego* – ein anderes Ich – genannt wird, so schickt sich solches vielmehr auf die innigste Art der Freund- und Gemeinschaft zwischen Eheleuten. Kraft der ersten Ehestiftung – als

Gott des ersten Ehemanns Eheweib von dessen Leib nahm – sollen sie sich untereinander als eine Seele und einen Leib oder als Stück ansehen und in voller Übereinstimmung der Gemüter und der Leiber stehen. Die Proben für solche Liebe sind beim Mann, daß er gern bei ihr ist, ihr mit Freundlichkeit und Sanftmut begegnet, mit ihren Mängeln Geduld hat und ihr allerlei Liebe bezeiget, für sie sorgt, vornehmlich aber sie mit seinem Zuspruch und gutem Exempel zur Gottseligkeit anweist, damit er auch in der Ewigkeit in der Liebe von ihr nicht getrennt sein müsse.

Was aber des Hausvaters Liebe gegenüber seinem Weibe insonderheit betrifft, so gehört dieselbe dem Weibe so eigen und allein, daß andere daran nicht den geringsten Anteil nehmen sollen. Denn gleichwie er von seinem Weibe mit allem Recht fordert, daß sie niemanden neben ihm liebhabe, sondern ihm allein treu bleibe, so soll er sich seinem Weibe gegenüber zu gleicher *Treue* ebenso fest verpflichtet fühlen, sie allein lieben und sich *weder mit dem Herzen noch mit unziemlichen Worten und Taten an andere Weiber hängen* oder mit denselben so umgehen, daß es ihr einen Verdacht geben könne. Denn es kann auch von Gott nicht anders als eine angemaßte Lizenz und Trotz gegen ihn aufgenommen werden, wenn Ehemänner – sonderlich die vornehmen und höheren in der Welt, die anderen zu befehlen haben – aus der Liebe und Freundlichkeit gegen alle Frauenzimmer eine Profession und ein tägliches Handwerk machen und sich dessen noch rühmen. Mögen sie sich auch vor den Menschen entschuldigen, so bleibt's gleichwohl für Gottes Gerichte eine *Leichtfertigkeit und Ehebruch* oder ist gemeiniglich am nächsten dabei. In der Haushaltung aber gibt's Seufzer, Eifersucht, Haß, Zank und Stunk und also eine ungeratene Ehe. Wenn solche Männer auf Ansehnlichkeit sehen, warum haben sie bei ihrer Wahl – da ihnen freistand, eine Ansehnliche zu wählen – die Augen nicht besser aufgetan? Mögen sie sich's daher selber danken, wenn sie keine annehmlichen Weiber haben. *Nun, nachdem einmal gewählt und die Ehe geschlossen ist, so gilt keine Ausnahme mehr.* Darum, weil das Weib, das jemand genommen hat, *sein* Weib heißt, ist er sie deswegen auch als sein Weib zu lieben schuldig, auch wenn sie ihm nicht so ansehnlich vorkommt wie andere oder auch wenn sie das, was ihn etwa sonst vergnügt hätte, durch Krankheit und andere Zufälle verloren hat. Sogar die Laster und Fehler des Gemüts an ihr heben diese Schuldigkeit nicht auf.

Aus dieser Pflicht fließt die andere, sein Weib mit gebührlichem *Unterhalt* an allem, was sie an Nahrung und Kleidern zur täglichen Notdurft und zu Ehren ihrem Stande gemäß nötig hat, nach seinem besten Vermögen zu versorgen.

Die dritte Pflicht besteht in der *Regierung* des Hausvaters, die ihm als dem Haupt über sein Weib gehört. Die eigentlichen Weibersorgen in der Küche, Nähen, Spinnen und was zur Regierung der Mägde insonderheit gehört, kann er ihr als seiner Gehilfin überlassen, denn dabei geht seinem Ansehen eher etwas zu als ab.

Die vierte Pflicht ist *Sanftmut und Geduld,* die er seinem Weib um so mehr schuldig ist, je zarter seine Liebe ist. *Er soll bedenken, daß sein Weib auch ein Mensch sei* und fehlen könne. Wie er sich wünscht, daß andere seine Fehler und Mängel mit Geduld an ihm ertragen.

Was mit ungestümem *Poltern und Schelten* angerichtet wird, davon geben diejenigen Haushaltungen ein betrübliches Zeugnis, wo pflichtvergessene Männer unbarmherziger zu ihren Weibern sind als zu ihrem Vieh, ihre leibliche Schwachheit nicht schonen, sondern sie in unbarmherziger, tyrannischer Weise forttreiben und dabei noch insonderheit bei Gebrauch des Ehestands alle natürliche Scham und Zucht ausziehen, so daß sie in ihrer *überviehischen Brunst* weder Zeit noch Maß wissen, noch an ihre eigene Gesundheit denken. Nicht anders, als wäre ihnen der Ehestand als Hurenstand und Tummelplatz, auf dem alles erlaubt sei, gestiftet. Während sie sich doch dessen Heiligkeit fromm zu Gemüt ziehen und *bedenken* sollten, *daß für die Augen Gottes alle heimlichen Schanden, die die Decke in den finstersten Winkeln zudeckt, aufgedeckt liegen.* Nicht besser handeln hier die Männer, die ihrer Weiber Mängel und Gebrechen mit *Schelten, Fluchen und Schmeißen* zurechtbiegen wollen. Oder wohl gar in solche Gottlosigkeit verfallen, daß sie ihre christlichen und tugendsamen Weiber als rasende Wüteriche *treten, schlagen und zum Haus hinausjagen*, aber dadurch den Rabenstein, ja die höllische Verdammnis an ihnen verdienen.

Obwohl dem Mann die *Züchtigung* über sein Weib unbenommen, ja vielmehr in den Rechten zugelassen ist, so muß dieselbe erstens aus rechtmäßiger Ursache und dann auch mit aller Maß und Glimpf geschehen. Widrigenfalls, wenn die Tyrannei des Mannes zu groß und unmäßig ist, würde es dem Weib freistehen, an gehörigem Orte Hilfe zu suchen.

Außer der Liebe ist ihre Pflicht die *Ehrerbietung.*
Diese gebührt ihrem Manne von Gottes wegen, der
ihm einen Strahl seines Bildes mitgeteilt hat, indem
er ihn zum Haupt und Regenten seines Weibes gesetzt hat. Deshalb betrachte sie ihre eigene Ehre nicht
anders als ein Gut, das sie von ihres Mannes Ansehen und Ehre entlehnt und nicht anders besitzt, als
wie der Mond sein Licht von der Sonne entlehnt.

Diese Ehrerbietung führt den *Gehorsam* mit sich.
Das Haupt muß die Glieder regieren, die Glieder
aber, die unter dem Haupt stehen, müssen dem
Haupte untertänig und gehorsam sein.

Aus dem Herzen soll sie sich hervortun mit
freundlichen Worten und in allem, worin sie ihm etwas
Angenehmes erweisen und Unglück von ihm abwen-
den kann – in gesunden wie in kranken Tagen. Wobei ihr dann wohl erlaubt ist, daß sie ihren Ehege-
mahl, wenn sie ihn in dem einen oder anderen fehlen sieht, *mit bescheidener Vernunft* zu bequemer Zeit
und Gelegenheit ihre Meinung sage, sonderlich
dann, wenn ihm ein Unglück entstehen könnte.
Aber es muß in geheimem Zureden mit solcher Behutsamkeit geschehen, daß er merken muß, sie tue
es nicht aus Fürwitz – um ihn zu meistern oder einige Macht sich über ihn einzubilden – sondern aus
bloßer Liebe zu seinem Besten. Weswegen auch solcher *Zuspruch mit bewegenden Bitten und Flehen* – auch
nach der Sachen Bewandtnis mit *Tränen* – geschehen soll, womit sie ihre Autorität und ihren Ernst sehen lassen wollte. In solchen Fällen wird die ver-

nünftige Liebe selbst die geziemende Moderation und das geziemende Maß an die Hand geben.

Dem zuwider soll sie *nicht eigenwillig und halsstarrig* auf ihrem Sinne bestehen, *dem Manne nicht trotzig und widerspenstig widerbellen* und das letzte Wort überall zu behalten begehren. Wenn es ihr aber geriete, daß sie es behielte, so soll es ihr zu schlechter Ehre gereichen. Es würde ihr rühmlich und löblich anstehen zu weichen, wenn sie auch ihre Meinung für besser hält und sich in angewiesenem Maße in billigen Dingen geduldig darein zu schicken.

Widerschelten, widerschlagen, dem Mann in die Haare gehen oder gar davonlaufen will die Sache nicht ausmachen. Der beste Rat ist: *schweigen, nachgeben* und zu gegebener Zeit den Mann freund- und beweglich ermahnen und – wenn es zum äußersten kommt – verständiger christlicher Leute Rat und Hilfe bescheiden und vernünftig gebrauchen. Auch diejenigen Weiber, die so unglücklich sind, daß sie von ihren Männern hart traktiert und mit allerlei Drangsalen gedrängt werden, sollen bedenken, daß es gleichwohl ihre Männer seien!

Die Ehefrau wird niemals des Mannes Gehilfin sein können, wenn sie *hoffärtig, müßig* und in Widerwärtigkeiten *verzagt* oder sonst unleidsam ist. Es sind Weibsbilder, die insgemein schwächer an Verstand sind, auch mehr zur *Kleiderpracht* – welche wohl gewiß eines der törichtesten Laster ist – insgemein geneigt. Da will der Stolz und Fürwitz alle neuen Moden mitmachen. Der Mann wird täglich um Geld angelaufen, sollte er auch von seinen Gläubigern alle Stunden gemahnt werden und in der Nahrung vieles verderben und zugrunde gehen müssen.

Weil auch der Müßiggang, welcher sich mehren-
teils zu der Hoffart gesellt, so viel Böses lehrt, so soll
ein häusliches Weib darin allezeit *arbeitsam* gefunden werden und *Schneckenart annehmen,* indem sie
sich lieber daheim als in anderen Häusern finden
läßt.

*Denn weil sie des Mannes Gehilfin heißt, so soll sie ihm
nicht nur essen, sondern auch arbeiten helfen.*

Die Weiber sollen sich aber in die Verrichtungen
und Amtsgeschäfte ihrer eigenen Männer nicht im
geringsten einmischen. Obgleich dieser *Fall* nicht
öfter vorzukommen scheint, *daß das Weib den Mann
ernährt,* so ist dennoch zu beachten: wenn der Mann
durch unvorhergesehene Zufälle in Abnehmung seiner Nahrung kommt, will dem Weib allerdings ge-
bühren, ihn mit notwendigen Nahrungsmitteln von
den Ihrigen an die Hand zu gehen in Erwägung dessen, daß sie mit ihrem Mann alles Glück und Unglück zu teilen schuldig ist.

VON DER ELTERN PFLICHTEN GEGENÜBER
IHREN KINDERN

Bis hierher haben wir den Hausvater in der Gesellschaft mit seinem Weibe und deren wechselseitiges
Verhalten betrachtet. *Der Hauptzweck des Ehestandes
ist vermöge göttlicher Stiftung die Erziehung der Kinder,
womit christliche Eheleute nicht allein das menschliche Geschlecht erhalten und die Welt mit Leuten füllen, sondern
vornehmlich die Kirche Gottes mit Christen mehren* und
folglich nachmals den Himmel bauen *sollen.*

Die Frauen sollen in dem Stande, wo sie *gesegneten
Leibes* zu sein vermuten, vor allen *Erschreckungen,* für-

witzigem Anschauen ungewöhnlicher furchtsamer Dinge und dergleichen Bilder und was ihrer Frucht sonst schädlich sein möchte, gewarnt sein. So ihnen aber dergleichen Dinge unvermutet zu Gesicht kommen sollten, so sollten sie diesen Eindrücken nicht lange nachsinnen, vielmehr ihre Gedanken mit Ernst auf andere Betrachtungen lenken. Sie sollen nicht weniger vor *Lastern* – und namentlich *verbotenem heimlichem Genäsch* und *Diebstahl* gewarnt sein und glauben, daß sie ihrem Kinde – wie andere Laster – also auch hierdurch eine diebische Art eindrücken und einpflanzen können. Woraus zu vermuten ist, daß manches Kind durch seiner Mutter Schuld zum Diebstahl und darauf an den Galgen geraten sein mag.

Die Wärterinnen sollten den Kindern *keine Fabeln und Märlein von Gespenstern,* Gockelmann, Wauwau und dergleichen vorlügen und sie dabei mit Fleiß *furchtsam machen* oder abergläubische, lügenhafte und betrügerische Meinungen ins Gedächtnis einsetzen.

Statt dessen sollen sie sie mit *biblischen Sprüchen* und *lehrreichen Historien* anfüllen, weil dies alles – es sei Gutes oder Böses – bis ins späte Alter darin klebenbleibt. Denn wir Alten können oftmals diejenigen Dinge, welche wir in unserem dritten oder vierten Jahre – und zuweilen noch weiter zurück – gesehen und gehört haben, so stark erinnern, daß wir derselben auch im hohen Alter nicht vergessen können.

Eine Hinderung, die der Erziehung großen Schaden antut, ist *böse Gesellschaft und verführerische Zusammenkunft,* weil der *Zunder zum Bösen* in aller Kinder Natur von ihrer Geburt her bereits liegt und durch

einen einzigen Funken – verstehe: böse Gesellschaft –, so er daran fällt, zum Ausbruch allerlei grober Laster und Sünden dermaßen angezündet werden
kann, daß hernach ein solcher Brand, wenn er erst in
lichter Lohe steht, so bald oder wohl gar nicht mehr
zu löschen ist.

Die Eltern haben das Unrechte und Böse, das die
Kinder tun, nicht ungeahndet hingehen zu lassen;
sie müssen sie treulich davor warnen oder – wenn
bloße *Verbote und Warnungen* nicht genug sein wollten – durch harte *geschärfte Zusprüche und Verweise*
und nach Gelegenheit der Zeit, des Alters und Bewandtnis des Unrechts mit *Ruten, Schlägen* und anderen empfindlichen *Züchtigungen* sie mit Gewalt
vom Bösen abzuziehen trachten. Solche Zucht ist
kein Haß, sondern eine rechtschaffene Frucht väter-
licher Liebe, wie solches nicht allein das göttliche
Wort lehrt, sondern auch die gesunde Vernunft, weil
der eigene Wille die Quelle alles Verderbens ist und den
Kindern von ihrer Geburt her tief eingewurzelt. So
muß der Wille vermittels der Züchtigung so lange
gebrochen werden, bis sie endlich so weit kommen,
daß sie ihn aus Liebe zum Guten selbst brechen und
mehr und mehr ablegen lernen. Den Nutzen solcher
Zucht kann die Erfahrung selbst bewähren, da gemeinhin alle Kinder, die ziemlich scharf erzogen
wurden, am tüchtigsten sind. Hingegen sind zärtlich
bei ungebrochnem Willen Aufgewachsene bei weitem nicht so geraten. Es ist aber vernünftig, daß die
Zucht *frühzeitig* angefangen werde, ehe der eigene
Wille zu sehr erstarkt und die Zucht überwuchert.

Was nun das ehrbare bürgerliche Leben betrifft, so
soll die Mutter ihre Töchter erstlich zur *Reinlichkeit
am Leibe*, an leinenes und wollenes Gewand gewöhnen und ihnen *auch in den ersten Kinderjahren nicht gestatten, daß sie nackt im Hemde, barfuß, mit zottigem
Kopfe und ungeflochtenen Haaren* oder sonst zerrissen,
unflätig und zerlumpt *herumlaufen*, weil ihnen solche
liederliche, schlampige Art lange Zeit und öfters ihr
Lebtag lang anhängt und weder Gott noch Menschen gefallen kann.

*Vielmehr billigt Gott an einem Weibsbilde ein zierliches
Kleid*, da das ehrlich, nicht garstig, sondern sauber
und ordentlich und der Landesart und ihrem Stande
gemäß ist. Zum anderen soll die Mutter auf ihrer
Töchter *äußerliche Gebärden* achten. Alle lautschal-
lenden Reden und Geschrei, alles freche, törichte
und vielfältige Gelächter soll sie ihnen verbieten, sie
dagegen überall in allen Gebärden zur *Stille und Sitt-
samkeit* von Jugend an gewöhnen. Wobei die Erfahrung lehrt, daß eine Jungfer, die sich in diesen äu-
ßerlichen Dingen bescheidentlich zu mäßigen und
zu regieren weiß, bei mittelmäßiger und geringer
Schönheit beliebter ist und eine eheliche Neigung
eher auf sich zieht als eine andere, die an Gestalt
und Haut zwar schöner, sich aber an Gebärden und
Sitten frecher und ungezähmter aufführt.

Außerdem wird eine Weibsperson viel eher be-
liebt und verlangt, wenn sie eine Wirtschaft glücklich zu führen angewiesen und geschickt ist, als eine
Spiegeldocke, die nichts Besseres gelernt hat, als das

Haar zu krausen, sich zu schminken und vor dem Spiegel aufzuputzen, und sich dabei an Faulheit und Müßiggang gewöhnt hat oder nur von Romanen und Liebeshändeln zu reden weiß. Aber nachher, wenn sie nun ihren Zweck, den sie darin suchte, erreicht hat und einen Mann, der sich darein vergaffte, betrogen und weghat, wird aus einem Pfauen und geputzten stolzen Pferd ein garstiger Wiedehopf und Schwein in ihrer Haushaltung. Deshalb soll die Mutter es für keine geringe Tugend halten, daß sie ihre Töchter zu ihrem künftigen Glück *an die Haushaltung beizeiten gewöhne* und sie von Kindheit an dazu anweise. Insonderheit aber gehören hierher *alle und jede dem weiblichen Geschlecht eigentlich zugehörigen Arbeiten und Künste: Spinnen, Nähen, Stricken, Klöppeln, Wirken, Sticken und dergleichen.*

Was den christlichen Wandel der Töchter betrifft, so ist die Mutter ihnen schuldig, daß sie die *Schamhaftigkeit* bei ihren Töchtern sich mütterlicherseits befohlen sein lasse und sie von Kindheit an darin aufziehen und solche Tugend, welche den Grund zu vielen anderen Tugenden legen kann, in sie zu pflanzen keine Gelegenheit verloren gehen lasse.

Scham verloren, alles verloren!

Ferner soll die Mutter Sorge tragen, daß ihre Töchter an Orten, wo Fremde hinsehen – es sei beim An- oder Auskleiden oder sonst unter den Türen, Fenstern oder anderen offenen Orten – nichts Unehrbares und ihnen Unanständiges begehen. Noch weniger soll sie ihnen gestatten oder gar dazu verhelfen, daß sie in leichtfertiger *unschambarer Kleidung* einhergehen und vieles an ihrem Leibe, an Nacken, Hals, Rücken, Achseln und Brust bloßdekken oder doch nur mit solchem dünnen, subtilen Zeug – das den Namen einer Bedeckung nicht wert ist – bedecken, was die Schamhaftigkeit zudecken sollte. *Sie machen sich damit zum Ziele, nach welchem lüsterne Blicke in sündiger leichtfertiger Lust schießen*, wodurch andere unschuldige Gemüter aufs wenigste wider ihren Willen zu bösen Begierden gereizt werden und sie sich selbst in den Verdacht der Leichtfertigkeit und Unzucht setzen müssen.

Fast keine schmücken sich köstlicher als die, deren Zucht und Schamhaftigkeit nicht viel wert ist.

Derzeit unternehmen viele hoffärtige Närrinnen allerhand ungesunde Dinge, um die rötliche Farbe, die wie Milch und Blut aus manchem Angesicht als ein sonderlich gesundes Zeichen hervorleuchtet, als gar zu gemein und bäurisch daraus zu vertreiben, indem sie rohes Getreide, Kümmel, Kalk, Kreide, Sand, Ruß und dergleichen mehr essen, viel Blut lassen, ihr Gesicht mit schädlichen Schminkmaterialien einstreichen und damit ihre Gesundheit selbst zerstören.

Weil durch die *Schminke* die Jungfern die Mängel ihrer Gesichter bedecken und damit den allerweisesten Schöpfer tadeln wollen – als ob er sie ihrer Einbildung nach nicht schön genug gebildet hätte –, versündigen sie sich sehr.

Wenn eine Jungfrau mit Mannspersonen öfters umgeht, sich mit denselben in heimlichen Winkeln antreffen läßt und in allzu freier Vertraulichkeit mit ihnen lebt, ist nicht anzunehmen, daß sie miteinander beten werden.

Ob einem Weibsbilde das Studieren wohl anstehen sollte? Es ist erstlich gewiß, daß das weibliche Geschlecht – weil es von der Menschheit keineswegs auszuschließen ist – seine *Fähigkeiten, Verstand und Gedächtnis* hat. Diejenigen Spötter, die doch selbst von Weibern herkommen, sie aber für keine Menschen halten wollen, können wir nicht besser als unvernünftige Tiere keiner Antwort, sondern nur des Auslachens für wert halten. *Wir erkennen aber doch gleichwohl dabei zum anderen, daß der allerweiseste Schöpfer in der Natur unter dem männlichen und weiblichen Geschlechte – sowohl an Kräften des Gemüts und Verstandes als des Leibes selbst – einen merklichen Unterschied gemacht* und jenes vor diesen zu wichtigen Dingen und Verrichtungen tüchtiger geschaffen habe. Wir wissen auch drittens, daß es göttlicher Ordnung gemäß ist, daß *allein das männliche Geschlecht* – unter Ausschließung des weiblichen – *öffentlicher Ämter fähig* ist und daß dem weiblichen Geschlecht das öffentliche Lehren und Predigen aus der Heiligen Schrift nachdrücklich verboten ist. So würde es auch dem weltlichen Stande und zugleich dem weiblichen Geschlecht selbst zu ebenso schlechtem Ruhm gereichen, wenn es sich der Rechtshändel und männlichen Verrichtungen und Exercitien im *Reiten, Tournieren, Fechten* und dergleichen annehmen wollte. Es wäre, *als wenn sich ein Mann durch Nähen, Spinnen, Waschen, Klöppeln und andere weibliche Arbeiten weibisch und verächtlich machen sollte.*

Daher es denn geschieht, daß *unter hundert Männern* – weil sie Gehilfinnen nicht in hochgelehrter Kunst, sondern in der Hauswirtschaft suchen – sich *kaum einer* finden mag, *der eine solche studierte Jungfer zur Ehe verlangen dürfte,* die – anstatt daß sie an ihre Haushaltung denkt – Romane liest und etliche hundert galante Verse dichtet.

Es ist eine offenbare und ausgemachte Sache, daß
den Gemeinwesen in allen Ständen an gelehrten
und geschickten Leuten so sehr gelegen ist, daß sie
ohne dieselben gar nicht bestehen oder doch in keiner gebührenden Ordnung geführt werden mögen.
Wenn des Vaters Zustand nicht zuläßt, daß er seine
Söhne selbst unterrichtet, weil er entweder in keinen
Studien erfahren ist oder – obgleich er's schon wäre
– seine Amts- und anderen Verrichtungen ihm Zeit
und Kräfte nehmen, dieser mühsamen Arbeit obwal-
ten zu können, so muß er die Söhne entweder in einen *Privatunterricht* in seinem Hause oder in *öffentliche Schulen* geben.

Ebenso wie der Hausherr einen jungen Hund, der
zum Jagen abgerichtet, oder ein Füllen guter Art, das
zum Reiten abgerichtet werden soll, keinem uner-
fahrenen Bauernkerl anvertraut – der nicht mehr
weiß, als dem Hund ein Stück Brot vorzuwerfen und
vom Pferd ein paar Beine herabhängen zu lassen –,
ebenso wäre es eine recht unvernünftige, brutale Sache, wenn er seine eigenen Kinder unwerter als seinen Hund oder sein Pferd halten würde. Wenn er
den fähigen Kopf und die Begabung, die er bei ihnen verspürt, dem Gemeinwesen zum Schaden und
sich selbst zur Schande verrosten und weder zu guten Künsten noch zu Tugenden ausbilden und un-
terweisen lassen wollte. Darum: *sobald der Sohn den
Gebrauch der Vernunft zu zeigen anfängt und etwa das
fünfte oder sechste Jahr erreicht, soll die Fürsorge des Vaters weder Mühe noch Kosten dauren lassen, denselben in*

die Unterweisung durch einen verständigen und erfahrenen Mann zu bringen; es geschehe privat daheim oder öffentlich in der Schule. Bei einer größeren Zahl hurtiger, mittelmäßiger und langsamer Köpfe hindert die eine Sorte die andere merklich.

Jedoch: das Exercitium oder die Übung der lateinischen Sprache kann privat kaum so glücklich vonstatten gehen. Auch einige andere Dinge kann man privat schwerlich zur Vollkommenheit bringen wie zum Beispiel die Musik sowohl vokal als instrumental, was besonders Takt und Manieren betrifft. So vermag auch der Ehrgeiz unter den Schülern, wo einer dem anderen in gewissen Stücken zuvorzukommen trachtet, den Fleiß und die Begabung vortrefflich zu schärfen und aufzumuntern. *Auch kann die zarte, aber ungeordnete Liebe, die den meisten Müttern anklebt,* bei einem Privatunterricht daheim *merklichen Schaden tun.* Ganz zu schweigen, daß viele Gemüter der Kinder – besonders diejenigen, die in ihrem natürlichen Temperament zur Blödigkeit geneigt sind – bei bloßem Privatleben so *verzagt, wild und leutescheu* werden, daß sie in Gegenwart fremder Leute kaum ein paar Worte reden können. Dagegen werden Leute, die in einer Gesellschaft erzogen werden, zum gemeinen Leben – besonders zu Verrichtungen, die vor dem Angesicht der Leute geschehen müssen – weit getroster und tauglicher.

Der an Gemüt nicht weniger als an Geblüt hochgeadelte Herr von Hochberg fordert in seinem Buch ‹Georgica curiosa› von einem *Vorsteher der Jugend,* er *soll* selbst *wohlerzogen, gelehrt, nicht übelgebärdig, sondern höflich, kein Vollsäufer, sondern mäßig, kein Löffler, sondern bescheiden* sein, so daß er seinen untergebenen

Schülern im Lehren und Leben so vorleuchtet, daß sie von einem und anderem nützlich erbaut und gebessert werden mögen. Er soll *Vertrauen* bei gehörigem *Respekt* bei seinen Schülern erwecken, auf ihre Fragen freundlich und sanftmütig antworten und sich dabei nach dem Auffassungsvermögen der Schüler richten, sie von ihren Fehlern ohne Schmähung mit ernsthaften Worten abmahnen, dagegen sie aber loben, wo sie recht tun, und sich einer kurzen, aber dabei deutlichen Lehrart befleißigen.

Die zu *schreiben* anfangen, lernen die saubersten und gründlichsten Buchstaben machen, wenn man ihnen die Buchstaben nicht nach der Ordnung des ABC, sondern so, daß eines aus dem anderen fließt, vormalt. Nachdem sie nun die Buchstaben einmal schreiben gelernt haben, müssen sie dieselben *in einer wohlgestellten Symmetrie* zusammenzusetzen angeleitet werden. Wobei ihnen das ganze ABC in diesem dreifachen Unterschied vorzustellen ist: *daß die Buchstaben ihren Kopf, ihre Brust und ihre Füße haben.* Wenn nun die Schüler derart *deutsch und lateinisch* einigermaßen lesen und schreiben können, so soll man sie anfangs soviel lateinische Vokabeln, wie im gewöhnlichen Leben am meisten vorkommen, *auswendig lernen lassen, soviel ihr zartes Gedächtnis bei oft wiederholtem Vorsagen ohne sonderliche Mühe fassen kann.* Dabei kann man zu der Kinder Lust und zugleich zu gutem Nutzen die *Vokabeln auf kleine Zettel* schreiben lassen, so daß auf der einen Seite die Vokabel auf lateinisch, auf der anderen aber deren Bedeutung auf deutsch geschrieben wird. Diese geschriebenen Zettel werden in einer Schachtel zu täglichem Gebrauch *wie ein Kartenspiel* verwahrt. Was nicht allein in der lateinischen, sondern auch in der hebräischen, griechischen und anderen Sprachen den Vorteil gibt, daß man in kurzer Zeit etwa tausend Vokabeln ohne Mühe ins Gedächtnis tragen und darin weitläufiger bewegen kann, als wenn man sie aus einem gewissen Buche in gewisser Ordnung nacheinander lernt. Wenn ein Kind täglich nur drei Vokabeln lernt und wiederholt, so beläuft sich die Zahl im Jahr auf über tausend.

Hiernach soll der Lehrer den Kindern die *grammatischen Regeln* so kurz wie möglich anhand einer stetig vor ihren Augen stehenden Tabelle beibringen.

Man soll ihnen auch zuzeiten ihre *Abwechslungen und Gemütserfrischungen* mit unsträflichen Spielen und solchen Zeitvertreibungen, die sich für ihr Alter schicken, gönnen.

Aus den *klassischen Autoren* soll der Lehrer solche wählen, die *in reinem Stil* schreiben, damit sich die Jugend an dergleichen saubere Schreib- und Redeart gewöhnt und in solcher zu reden ihr zur Natur und Gewohnheit wird. Er soll aber mit den heidnischen Büchern, die er zu solchem Zweck gebrauchen will, behutsam umgehen, damit er weder sein eigenes noch seiner Schüler Gewissen damit befleckt und ihre zarten Gemüter verletzt oder ärgert, weshalb er ihnen *obszöne, unflätige und von heidnischer Götzen Namen angefüllte und damit befleckte Bücher nie in die Hände lassen* soll.

Andere Sprachen, die mit der lateinischen eine Verwandtschaft haben und deren Töchter heißen – als da sind die *welsche, französische* und *spanische* –, hiarneben zu betreiben dürfte bei dem noch schwachen Urteilsvermögen *vor dem fünfzehnten Jahr kaum zu raten* sein.

Außerdem mag die Jugend im *Rechnen*, in der *Musik*, im *Malen*, *Zeichnen* und dergleichen, wozu sie Lust hat, zugleich mit unterrichtet werden.

Der Lehrer soll vor allem sorgfältig aufpassen, *daß die Schüler nicht mit liederlichem Gesindel, übelerzogenen Gassenbuben, berüchtigtem, leichtfertigem Weibsvolk umgehen und dadurch natürlich zu groben Sitten und Lastern verführt werden.*

Weil nun die Jugend wegen ihres zur Fröhlichkeit geneigten Temperaments nicht allzu eng eingesperrt sein will, sondern eine gewisse Bewegung des Leibs bei zulässigen Spielen und Spaziergängen braucht, so soll der Lehrer sich solcher Gelegenheiten nützlich bedienen und neben der Gottseligkeit ihnen zugleich einige Kenntnis und Vorgeschmack von natürlichen Dingen, *von Sonne, Sternen, Tieren, Gewächsen, Kräutern* und dergleichen, gleichsam spielend in solchen Diskursen beizubringen trachten.

Eine gute Ordnung wäre, daß man zum Gebet vier, zu Mahlzeiten drei, zur Ergötzlichkeit und erlaubter Kurzweil zwei, zum Schlafen sieben und zum Studieren acht Stunden anlegen sollte.

Wenn der Hausvater seinen Sohn aus der Stadt- und Trivialschule auf die hohe Schule, die man *Akademie oder Universität* zu nennen pflegt, schicken will, so bekenne und glaube ich fest, daß in der ganzen Auferziehung von der Geburt bis zu solcher Zeit nichts zu finden ist, das ihm mehr Sorge, Angst und Kummer bereiten könne. Und wenn das Sprichwort, daß kleine Kinder kleine Sorgen und große Kinder große Sorgen machen, wahr ist, so meine ich, daß es

hierbei doppelt wahr ist. Ungeachtet der *Unkosten,*
die hierzu gehören und den Vater oft in einem Alter,
wo er selbst eines Zehrpfennigs wohl bedürfte, in
Mangel und Schulden bringen, sollte ihm die Haut
erschauern, wenn er betrachtet, *daß er nicht versichert
sein kann, ob ihm sein mit Sorge und Fleiß bis hierher
wohlerzogenes Kind, das er gesund und gerade an Gliedmaßen hinaussendet, nicht etwa als ein verruchter Mensch
und dabei krumm und lahm gehauen oder -gestochen wieder nach Haus kommt oder* sogar die betrübliche Nach-
richt kommen wird, *daß sein Sohn im Duell und Balgen
um Leib und Leben* und zugleich um seine Seele *gekommen* und zum Höllenbrande geworden *sei.* Wie
denn gottselige Männer schon längst über unsere
Universitäten dergleichen bewegte Klagen geführt
haben, daß sie *beinahe ein Sodom und Wechselstätte des
Satans* geworden seien, worin allerlei Arten von
Greueln getrieben werden wie *Fluchen, bestialisches
Saufen, Schandrieren, Unzucht, Raufen und Balgen.*

Von den Schuldigkeiten der Kinder
gegenüber ihren Eltern

Es wäre die schändlichste Undankbarkeit von der
Welt, wenn Eltern, nachdem sie ihren Kindern
nächst Gott das Leben gegeben und sie außerdem
von ihrer Geburt an bis zu jenem Alter, in dem sie
der Hilfe nicht mehr bedürfen, mit vielen ängstlichen Sorgen, Mühe und Unkosten erzogen haben,
nachher weder Liebe noch einiges Gute von ihnen
haben sollten. *Göttliches Recht und Gebot gebieten, die
Eltern zu ehren, solange sie Eltern sind, und das bleiben
sie ihr Lebtag lang.*

Aus der Liebe fließt die *Guttätigkeit,* daß die Kinder ihren *Eltern, die entweder altershalber anfällig und unvermögend oder sonst bedürftig geworden sind,* warten, pflegen und Unterhalt zu geben sich eine Freude sein lassen.

Was besonders das Heiraten – die allerwichtigste und zugleich gefährlichste Veränderung der Lebensführung – betrifft, so steht es den Kindern nicht frei, daß sie darin nach eigenem Sinn und freiem Willen handeln, sondern sind schuldig – wie in allen Dingen so auch hierbei –, der Eltern Rat und Willen zu folgen. *Kein Kind darf wider seiner Eltern Willen heiraten, wie alt es auch ist.* Deshalb sind solche Ehegelübde nach göttlichem Wort als ein Winkelgelübde ungültig, solange der Vater bündige Ursache zum Mißfallen hat. Würde der Vater aber seine Gewalt nur im eigenen Sinne oder Vorteil suchen, so könnte das Kind die obere landesväterliche Einwilligung auf eine bescheidene Art anflehen und erbitten.

Die letzte Ehre, welche Kinder ihren Eltern antun können, besteht darin, daß sie sie, wenn sie gestorben sind, nach Stand und Würde zur Erde *bestatten lassen* und die hierzu nötigen Unkosten aufwenden.

VON DEN PFLICHTEN GEGENÜBER
VERSTORBENEN

Weil an dem verstorbenen Freund nicht alles – wie an einem unvernünftigen Vieh – stirbt und tot bleibt, sondern neben dem Leibe, welcher nach ausgestandener Verwesung in seiner Auferstehung wieder hervorkommen wird, die Seele übrigbleibt, und weil das Gebot der Liebe befiehlt, den Nächsten zu lieben, solange etwas an ihm ist, das geliebt werden kann, so folgt hieraus, daß man die Seelen der Verstorbenen und deren *Gedächtnis in Ehren halten* soll.

Es ist dem Christentum nicht gemäß, sondern ein Zeichen von steinernem, unnatürlichem und unchristlichem Herzen, wenn man beim Tode der Seinigen stoischen Starrsinn und Unbeweglichkeit des Gemüts zeigt – was oftmals nur Prahlerei sein mag – und keine *Gemütsbewegung* und *Mitleid* sich anmerken läßt und somit weder die Wunden noch die Schläge fühlen will, die Gott uns schlägt, damit wir's fühlen sollen.

Wie lange aber die äußerliche *Trauerbezeugung in Kleidung, Vermeidung fröhlicher Geselligkeiten,* bei Hochzeiten, Gastereien und dergleichen währen sollen, darin kann die innerliche Gemütstrauer, die nähere oder weitere Freund- und Schwägerschaft und am meisten die landesübliche Gewohnheit das bequemste Maß geben.

Eltern sollen bedenken, daß Gott zuweilen durch einen frühen Tod verhindert, daß eine unschuldige Seele durch die Verführung des Satans und die größte Gewalt der Ärgernisse nicht in ein lasterhaftes Leben mit fortgerissen und um ihre Seligkeit gebracht wird. Diese Betrachtung soll besonders diejenigen Eltern in ihrem schmerzlichen Leid aufrichten, die da erfahren müssen, daß ihnen ein zartes Blümlein aus ihrem Ehegarten und zugleich ein edles liebes Stück von ihrem Herzen abgerissen wurde. Ferner sollen sie bedenken, daß ihren Verstorbenen – deren Seligkeit sie versichert sind – so wohl ist, daß sie, wenn es ihnen freistünde, in dieses Leben nicht mehr verlangen würden. Ebenso sollen sie bedenken, daß sie von den Ihrigen durch den Tod nicht auf ewig getrennt sind, sondern daß sie gleichsam nur in die ewige Sicherheit vorangeschickt sind.

Die *Leichentrunke*, die verschiedenenorts beim Leichenbegängnis gehalten werden (wobei man nach dem Sprichwort den Toten vertrinkt), sollten – weil sie dem Ursprung nach ganz wahrscheinlich aus dem Heidnischen kommen und oft in Völlerei ausarten – bei allen christlichen Begräbnissen abgeschafft werden.

In der Zierlichkeit der Begräbnisse hat man auf eines jeden Orts Gewohnheit zu sehen und sich nach dem Stand und der Beschaffenheit der Personen zu richten.

Nachdem die *Witwen* ihren verstorbenen Männern ihre Pflicht abgestattet haben, so obliegt ihnen, daß sie *ein stilles, zurückgezogenes Leben* führen. Denn weil ihr Stand in der Heiligen Schrift als Trauerstand gilt, so schickt es sich nicht, daß sie sich in allen lustigen, fröhlichen Gesellschaften, bei Hochzeiten, Tänzen, Spielen, Spazierfahrten und anderen Festen einfinden und mitmachen oder daß sie sonst ein wollüstiges Leben in Kleiderpracht, delikatem Essen und Trinken und allerlei weltlicher Freuden führen und ihrem Fleisch damit nur wohltun und dasselbe zu allerlei Geilheit und bösen Begierden reizen.

Es soll sich seine *Guttätigkeit* nicht allein auf seine Freunde erstrecken, denen er bereits aus weltlichen Ursachen aus einer Dankbarkeit heraus Gutes zu tun verpflichtet ist oder von denen er Gutes zu genießen hofft, sondern auf *alle Bedürftigen ohne Unterschied der Religion, Freundschaft* und dergleichen, wo er keine andere Ursache zur Guttätigkeit sieht als ihre gegenwärtige *Not*. Es ist besser, daß man zehn Unwürdigen etwas gebe, als um solcher Unwürdigen willen einen des Almosens Würdigen ohne Hilfe mit Seufzern von sich zu weisen. Doch kann sich ein Hausvater, soweit die Umstände es zulassen, vorsehen, daß er mutwilligen Armen und Bettlern, von denen er weiß, daß sie solche bleiben wollen, durch seine Guttätigkeit in solcher Bosheit nicht stärke. Denn weil solche Müßiggänger nicht würdig zu achten sind, daß sie essen sollen, soll ihnen auch eine ernsthafte Warnung – von solcher Faulheit abzusehen – nützlicher als alle leibliche Wohltat sein.

In Guttätigkeit stehen vornean: *leibliche Verwandte*, Eltern, Kinder, Brüder, Schwestern und dergleichen, weil Gott solche – neben dem Bande, womit er alle Menschen als Nächste unter sich verbunden hat – diese mit einem viel engeren Bande im Geblüt untereinander verknüpft hat.

Hiernach folgen die *Hausarmen*, die entweder in äußerster Gefahr sind, in Mangel zu geraten und um ihre Nahrung zu kommen, oder *durch Krankheit, Krieg, Brand, Hagel und Wetterschlag, Teuerung oder durch die Menge der Kinder* bereits darein geraten sind. Jene soll der Hausvater, ehe sie daniederliegen, nach Vermögen aufzurichten trachten.

Alles aber insgesamt, was der Hausvater Armen und Dürftigen Gutes tun kann, läßt sich in die zwei Arten, nämlich das *Schenken* und das *Leihen,* zusammenziehen.

Doch soll diese Guttätigkeit des Hausvaters nicht anders als *nach dem Maß seines Vermögens* eingerichtet sein und abgemessen werden. Wer nichts hat, kann nichts geben. Wer wenig hat, gebe wenig. Wer aber reich begütert ist, der ist auch desto reichlicher zu geben schuldig. Die Guttätigkeit soll aber aus einer innerlichen liebreizenden Erbarm- und Neigung geübt werden.

Was Gutes getan wird, soll mit gutem Willen, ohne Murren und Aufrucken in Einfalt geübt werden. Eigenes Ansehen, eigene Ehre und Ruhm dürfen keineswegs der Zweck dabei sein. Es gelte des Heilands Regel: ‹Alles, was Ihr wollt, das Euch die Leute tun sollen, das tut Ihr ihnen!›

Wer aber diese Pflicht üben will, der *widerstehe dem Geiz,* und wenn er geben will, so drücke er dem geizigen alten Adam vorher die Augen zu, daß er's nicht sehe, weil er tausenderlei Entschuldigungen, sich davon loszumachen, suchen wird. Wenn ihm nun der Gedanke kommt, daß er das, was er den Armen geben sollte, für sich, sein Weib und die Kinder für künftige Zeiten beiseite legen müsse und vonnöten haben werde, so prüfe er sein Herz, ob er sich nicht etwa unter der Zahl derer befindet, die nie genug haben und sich einbilden, daß sie nichts für Arme übrig haben, wenn ihnen nicht der Geldkasten überläuft und so viel zufließt, daß sie einen Sack nach dem anderen füllen können.

ALLGEMEINE HAUSREGELN

Die erste Regel: *Die Haushaltung soll in richtiger Ordnung geführt werden.* Ordnung ist gleich einer Hausuhr, nach der sich jedermann mit Schlafengehen, Aufstehen, Essen, Trinken, Arbeiten und anderen Geschäften richten muß. Was bei Nacht und Unwetter unter dem Dach geschehen kann, soll nicht bei Tage, auch nicht bei heiterem, schönen Wetter außer Hauses auf dem Felde geschehen. Es soll in der Haushaltung die tägliche *Verteilung der gewöhnlichen Arbeiten* gleichsam wie auf einer Tafel jedem vor Augen hängen, wie man den Tag gleichsam Stunde um Stunde zubringen soll, wodurch die Arbeit noch einmal so leicht vonstatten geht, als wenn alles in Konfusion und Unordnung hergeht.

Die *Einnahmen und Ausgaben* sollen jährlich und öfter überschlagen und gegeneinandergehalten werden. Wo diese jene übersteigen, muß die Ursache sofort untersucht werden, ob sie etwa von Spielen, Banketten, vielen Spazierreisen, aus Verwahrlosung oder aber von solchen Ausgaben, die zur Tilgung eines geliehenen Kapitals und Hauptschuld abgestattet werden. Es soll eine ordentliche *Liste* und ein beschreibendes Register *über alle aktiven und passiven Schulden* geführt werden. Es sollen auch alle *Hausgeräte in guter Ordnung* gehalten werden, damit man jedes Ding an seinem Ort finden und nicht lange unter Zeitverlust mit Ungeduld suchen muß, die bei manchem gar in Fluchen und Schelten ausbricht.

Es ist auch ratsam, daß, damit alles seine Richtigkeit hat, zum Nachmessen und Nachwägen in einer jeden Haushaltung des Landes *Elle, Maß und Gewicht* mitsamt einem Apotheken- und Silbergewicht gefunden werde.

Die andere Regel: Die Haushaltung soll soviel wie möglich in die Enge gezogen sein und dabei alle Pracht und aller Überfluß daraus verbannt sein. *Klein und rein reimt sich besonders in der Haushaltung anmutig und nützlich zusammen.*

Überflüssige Mäuler an Menschen und Vieh, Hunden, Geflügel und Vögeln, Übermaß an Essen, Trinken und Gebäuden und dergleichen soll abgeschafft werden, weil dadurch der Weg zur Armut gebahnt wird.

Die dritte Regel: Die *Sparsamkeit* soll in der Haushaltung als eine Hauptkunst und einem unbetrüglichen Kapital gleich geachtet werden. *Sparen ist keine geringere Kunst als etwas erwerben.*

Sparsamkeit hat den Vorteil, daß man nie von Fremden entlehnen muß, sondern von seinem eigenen Vorrat ohne Verzinsung entlehnen kann. Sie ist eine Tugend, die sowohl dem Hausvater als der Hausmutter eine besondere Zierde gibt, besonders aber nächst der Gottesfurcht an dieser als besonderes Kleinod zu ihrem Ruhm gepriesen wird, wenn sie die Güter zusammenzuhalten weiß und nicht einer unnützen Henne gleich ist, die dasjenige, was der Hahn zusammenkratzt, auseinanderkratzt und zerstreut.

Die Sparsamkeit erstrecke sich auf Keller, Gewölbe, Böden, Ställe und wo immer sie die Gaben Gottes – Brot, Fleisch, Bier, Wein, Obst, Getreide,

Milch, Butter, Schmalz, Käse, Eier, Öl, Salz, Ge-
würz und alles andere – verwahrt und hält. Dieses
alles soll als ein stets quellender Brunnen betrachtet
werden, der in keiner Haushaltung so leer ausge-
schöpft werden soll, daß nicht einiger *Vorrat* übrigbleibt.

Die Sparsamkeit erfordert auch *Vorsicht,* daß alles
und jedes vorsorglich an sicherem Orte gelagert und
verwahrt wird, *damit keine Hunde, Katzen, Ratten,
kleine oder große Mäuse darüberkommen,* es benagen,
verschleppen und wegtragen.

Es ist aber keine löbliche Sparsamkeit, wenn man
seine Hausgenossen einmal so karg und filzig ab-
speist, daß weder der eine noch der andere genug
hat, ein anderes Mal aber so übertreibt, daß der Vorrat vor der Zeit aufgezehrt und die Haushaltung aus-
geödet wird, wobei man nachher Hunger und Mangel leiden und ein Rabenmahl und Schabenmahl
halten muß.

Die *Häuslichkeit* soll dem Hausvater wie der Hausmutter vor allem lieb und teuer anbefohlen sein.
Diese breitet sich über alles und jedes – auch die geringsten und verächtlichsten Dinge und Verrichtungen im Haus und draußen – aus. Sie überlegt bedachtsam, daß sie auch die Dinge, die ein Unbe-
dachtsamer hinaus in den Mist wirft, verbrennt und
keines Aufhebens wert erachtet – altes Eisen, zerris-
sene Kleider, übriggebliebene Reste und Lumpen,
Zwirn- und Fadenenden, alte Äxte, Speichen und
dergleichen –, zu seiner Zeit nützlich anbringen
möchte, wobei der Nutzen am Ende oft unverhofft
groß gefunden wird, mehr als man voraussehen und
vermuten konnte.

Die *unverdrossene Emsigkeit* soll bei allen Verrichtungen und Geschäften für nützlich und nötig gehalten werden.

Müßiggang ist an sich ein schädliches und dabei verdrießliches Laster, wodurch der Mensch sich das Leben selbst sauer macht, denn *es gehören starke Beine dazu, die faule Tage tragen sollen.* Hinsichtlich der Haushaltung ist der Fleiß in der Berufsarbeit eine unvermeidbare Notwendigkeit, ohne den in der Nahrung bald alles den Krebsgang gehen würde. Es ist eine unnötige Scham und eingebildete Schande, daß reiche und vornehme Leute sich ihrer ehrlichen Hausarbeit schämen. Müßige Hände geben meist letztlich müßige und mäßige Zähne. *Wer nicht arbeitet, soll auch nicht essen.* Auch kommt es einem bürgerlichen Hausvater wohl zustatten, wenn er selbst schnitzen und allerlei *Hausrat und Werkzeug* im Notfall *selbst ausbessern* kann.

Des Hausvaters Umsicht und Gegenwart soll in der Haushaltung nicht allein wohlanständig, sondern auch höchstnötig erachtet werden. So soll denn ein Hausvater dieser Regel gemäß früh und spät auf seine Leute achtgeben, sie öfter unversehens *überschleichen,* ob sie gearbeitet haben oder nachlässig gewesen sind oder gar geschlafen haben. Er soll morgens und abends in Ställen, Scheunen, Böden, Kellern und anderen Gemächern herumgehen und so viel wie möglich *die Augen in alle Winkel stecken* und dabei nachsehen, wie sein Vieh – besonders die Pferde – gewartet wird. Er soll zuweilen des Nachts aufstehen und sich im Hof sehen und hören lassen, ob etwa ein Vieh schreit, ein Dieb einbrechen oder ein Feuer aufgehen möchte. Auf die *Türen und Tore* der Behausung

und des ganzen Hofes und *deren Auf- und Zuschlie-*
ßung soll er sorgfältig achtgeben und unnachlässig
Sorge tragen.

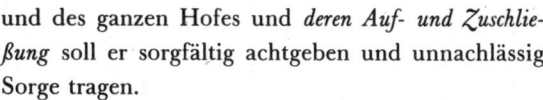

Insonderheit aber soll die Hausmutter in der Küche, Speisekammer und im Gewölbe täglich nachsehen, damit sie – wenn von den *Geschirren* etwas zerbrochen oder verloren ist – den Verlust bald merkt
und das Gesinde – falls es boshaft und trotzig etwas
zerbrochen oder aus Fahrlässigkeit verludert hat –
zur Rede gestellt wird. Nach der *weißen Wäsche* soll
sie besonders fleißig sehen, damit die unreine und
angeschmutzte an einem trockenen Ort vor Fäulung
und Mäusen bewahrt und Verlust beizeiten durch
Ausbesserung der alten oder Neuanfertigung der
neuen ersetzt wird.

Weil das *Feuer* ein erschreckliches Element und
ein grausamer und wütender Feind ist, der in wenigen Stunden unserer Eltern und Voreltern Schweiß
auf einmal in Asche legen und verzehren kann, so
soll der Hausvater Vorsicht treffen, daß seine *Rauch-*
fänge, Feuerstätten und Dörrstuben sauber gehalten werden und daß stets Wasser, Feuereimer, Hacken, Leitern, Wassereimer und Spritzen zur Hand sind, daß
man weder Heu noch Stroh, Hanf oder Flachs, Holz
und Späne an Orte legt, wo man mit Lichtern oft
vorbeigeht, oder auch heiße Asche auf hölzerne Böden schüttet, daß die Öfen im Winter besonders
nachts fest zugemacht und die Lichter und Laternen
sicher verwahrt werden, daß vor Mitternacht nicht
in der Scheune bei Licht gedroschen wird, weil die
traurige Erfahrung gelehrt hat, daß sich einige Funken halten, die später – wenn die Leute schlafen gegangen sind – aufglimmen und zum unauslöschli-

chen Brand werden können. Deshalb ist's auch vorsorglich und wohlgetan, daß man die *Kleider nachts*,
wenn man schlafen geht, *an einem bestimmten Ort* zu-
sammenlegt, damit man sie nicht erst aus allen Winkeln zusammensuchen muß, wenn etwa in der Nacht
ein Feuer oder sonstiges Lärmen aufkommen sollte.

Der Armut zu entgehen, soll der Hausvater alle
Dinge lassen, von denen er weiß oder vermuten
kann, daß sie dazu zur Ursache werden könnten: erstens das *Spielen*, besonders wenn er sich an hohe
Spiele wagt, zum andern die *Alchemie*, wo man aus
Vorwitz oder aus der Begierde, reich zu werden, auf
eine betrügerische, ungewisse Hoffnung hin sein Kapital zum Kamin hinaus in den Rauch jagt, drittens
kostspielige und mutwillige *Rechtshändel*, indem man
ohne Not, aus einer Zanksucht, seine Nächsten zu
kränken sucht. Aber anstatt zu gewinnen, trägt es
die Seufzer und Tränen der Bedrängten und folglich
den Fluch über die Haushaltung ein, wobei man
dem Advokaten mehr geben muß, als der gesuchte
Gewinn einbringt. Viertens unnötige *Prachtgebäude*,
übrige Pracht und Verschwendung, schließlich *Bürgschaf-
ten und Leihen*.

*Leihe nicht einem Gewaltigeren, als du bist. Leihst du
ihm aber doch, so acht's als verloren.*

Des Hausvaters Wissen und Klugheit steht am
höchsten, wo sie auf seiner *eigenen Erfahrung* gegrün-
det steht.

Denn obschon unterschiedliche gelehrte und ar-
beitsame Männer von der Haushaltung viel Gutes in
vielen weitläufigen Büchern zusammengetragen haben, so glaube ich doch, daß dasjenige, was einer
dem anderen außerhalb seiner eigenen Erfahrung

nachgeschrieben hat, praktischer gerichtet werden könnte.

Der Hausvater soll sich in anderer Leute Tun und Lassen, das ihn nichts angeht, *nicht einmischen*, statt dessen aber seine Gedanken auf Dinge richten, die ihm nütz- oder schädlich sein können.

Alle *Neuerungen*, die vom Fürwitz gemeiniglich Anfang und Anlaß nehmen, sollen verdächtig und mißlich gehalten werden und nie ohne reiflichen Vorbedacht versucht werden, und zwar nur in Dingen, die von keiner sonderlichen Wichtigkeit sind, und es soll so geheim und behutsam geschehen, daß niemand vor der Zeit etwas davon erfährt. *Der sicherste Weg ist, daß der Hausvater von dem allgemeinen Landesbrauch nicht leicht abgehe*, sondern auf andere Einwohner des Orts achtgebe, damit er nicht zum Schaden noch das Gespött der Zuschauer hat.

Die *Reinlichkeit* soll überall in allen Gemächern und Winkeln des Hauses und draußen ihren Platz finden.

Es gibt einen häßlichen Übelstand, wenn man auf dem Hof alles durch- und übereinandergeworfen findet, wenn hier leere Bierfässer, dort Holz, Stroh, Hacken, Schaufeln, Leitern sowie Pflüge und Wagenzeug durcheinandergestreut liegen oder wenn der Hof sonst mit allerhand Mist und Unrat so bedeckt ist, daß man kaum seinen Fuß rein oder trocken setzen kann, oder auch Tür und Tor den Kühen und Schweinen offenstehen, so daß sie ungehindert hineinlaufen und darin wühlen können. Dagegen ist es ein angenehmer Wohlstand und liebliches Ansehen, wenn alles und jedes rein und sauber an seinem Ort aufgeräumt liegt.

Im Haus macht die Reinlichkeit eine Haushaltung noch einmal so anmutig und leicht, wenn alle Zimmer und Hausgeräte rein gehalten werden, *als wenn alles mit Kot und Staub so dick überzogen ist, daß man mit Fingern darin schreiben kann, und die Spinnweben in allen Ecken und Fenstern ihre Fahnen so ausgebreitet haben, als wenn sie die Kirchweih im Dorf ankünden sollten.*

Was bedachtsam genug beschlossen wurde, soll ohne Verzug vollzogen werden.

Man braucht im Hauswesen hundert Hände und auf jeder Hand hundert Augen.

Von der Aufbauung eines Wohnhauses und Meierhofes

Wir wollen nicht aus jedem Hausvater einen vollkommenen Baumeister machen, sondern unsere Absicht zielt hauptsächlich auf eine Anweisung des dahinweisenden Unterrichts, wie er ein feines Wohnhaus nicht allein zur bürgerlichen, sondern auch zu einer dem adligen und Herrenstande behaglichen Wohnung und wie er einen Meierhof anzulegen habe.

Der Hausvater soll sich *vor vielen unnötigen Gebäuden hüten* und solche lieber großen und wohlbegüterten Herren überlassen. Wenn ihn aber dringende Notwendigkeit zum Bauen zwingt, soll er außer *unermüdlichem Fleiß, ungesparter Nachsicht* und *anhaltender Geduld* so viel wie möglich schönes Wetter, lange Tage und wohlfeile Zeit erwählen und vor allem *durch einen vernünftigen Überschlag mit seinem Beutel zu Rate gehen,* ob er ein ergiebiges und ausreichendes Vermögen hat, um allerhand Notdurft und nebenbei auflaufende Unkosten herzuschaffen, damit nachher nicht mitten im Bau beschwerlicher und das Werk unterbrechender Mangel auftrete. Worüber er einen geschickten und gewissenhaften Baumeister zu Rate ziehen soll. Auch ist es ein gar nicht überflüssiger, sondern zur Ersparung von Zeit und Unkosten nicht wenig dienlicher Vorschlag, vorher auf wohlgeordnete und lieblich ins Gesicht fallende und sonst namhafte Gebäude ein vorsichtiges Auge zu werfen, alles oder doch das meiste, Beste oder Notwendige auszukundschaften und seinem Vorhaben entsprechend anzuwenden und durch Umändern und Mehren zu nutzen.

Vor dem Bau muß der Hausherr beachten: 1. die Beschaffenheit des Orts, wo er zu bauen gedenkt, 2. die Auswahl der Baumaterialien, 3. die Regeln, die auf die Stärke, Bequemlichkeit und auf die Zierlichkeit abzielen, 4. die wesentlichen Stücke, aus denen ein Gebäude zusammengesetzt wird und besteht. Ehe er aber zum Bauen selbst schreitet, soll er den ganzen Bau – es sei nun auf einmal gleichzeitig oder in dessen Teilen gesondert – sich nicht nur in seinem Gemüt als Idee vorstellen, sondern *anschaulich machen mittels eines Grundrisses, Aufrisses und Querschnittes.*

WAS BEI DEM ORT, AN DEM MAN BAUEN WILL, ZU BEACHTEN IST

Wenn der Hausvater nun freie Wahl hat, so soll er nicht nur einen lustigen und gesunden, sondern auch seiner Nahrung und Lebensart bequemen Platz erkiesen.

Die alten Römer pflegten ein Vieh zu schlachten, und nachdem sie die Eingeweide – besonders Leber und Lunge – unverletzt und frisch oder brüchig und faul befanden, urteilten sie, ob die Gegend gesund oder ungesund wäre.

Auf hohen Bergen zu bauen, ist man durchweg abgekommen, weil von solchen Gebäuden oft nicht mehr als verödete Rüttelmauern übrig sind, die anzeigen, daß da ehemals etwas gestanden hat. Die Ursachen für den Verfall sind, daß die Gebäude wider die Sturmesart nicht bestehen können und ungemeine Unkosten erfordern. Noch mehr aber, weil die Wege dahin – auch Ab- und Zufuhr – unbequem, das Wasser nicht ohne große Mühe und Unkosten zu haben ist, ganz zu schweigen davon, daß die dort anfallenden *Winde gar zu unhold*, auch den Gebäuden gefährlich, den Bewohnern aber zugleich mit der Kälte beschwerlich sind.

Andererseits sind auch *tiefe, schattige Täler* an hohen anliegenden Bergen zu *meiden*, weil nicht allein die Ein- und Abfuhr auf und von den hohen, an den Bergen gelegenen Feldern für Menschen und Vieh über die Maßen mühsam und hinderlich ist, sondern auch weil die Wohnung selbst zu Sommerszeiten von schweren Wassergüssen, im Herbst von ungesunden Nebeln, im Winter aber vom Schnee unausbleiblichen Schaden zu leiden in steter Gefahr stehen muß.

Wie denn auch solche gleichsam *in der Zwick stehenden Gebäude* bei entstehendem Erdbeben und bei Erschütterung der Berge der Gefahr jämmerlicher Überfallung und Verschüttung unterworfen sind. Und weil ohnedies an solchen Orten die nebelhaften Lachen und Moräste mehrmals giftige Dämpfe und Ausdünstungen in die Luft schicken und damit den

Schimmel verursachen, durch den das Eisenwerk mit fressendem Rost, Hausrat und aufbewahrte Früchte aber mit verderblicher und schädlicher Fäule angegriffen werden, zeigt die Erfahrung auch, daß solche Orte viel giftige Tiere wie Ottern, Kröten, Eidechsen und dergleichen hegen, die – indem sie Wasser, Früchte und Gras verunreinigen – Menschen und Vieh schädliche und gefährliche Krankheiten zufügen können.

Weniger als die erwähnten sind jene Orte zu fliehen, die *flach und von allen Höhen entfernt* gelegen sind, obgleich diese als sumpfig oder doch zumindest als feucht gelten.

Demnach ist es ratsam, *einen festen Boden und ebenen Absatz an einer Anhöhe* oder einem mittelmäßigen Berg liegend zu wählen und von vorn gegen Mittag, sonst aber gegen Morgen und somit ungefähr von Süd zu Ost oder Nord zu West gekehrt ist. Diese Lage hat den Vorteil, daß man zur Sommerszeit vor großer Hitze, im Winter aber vor übermäßiger Kälte bewahrt wird. Doch ist darauf zu achten, daß das vornehmste Aussehen gegen den Ort gerichtet sein muß.

Des Grund- und Landbodens Trächtigkeit oder Fruchtbarkeit zu erforschen, gibt es unterschiedliche Zeichen und Merkmale: wie sich die Erde anfühlt, welche Farbe, Geruch und Geschmack sie hat.

Die *Luft* wird nicht grundlos des Lebens Balsam genannt, weil ohne sie keine Kreatur auch nur eine halbe Viertelstunde leben kann. Sie besteht – sofern man sie in ihrer natürlichen Lauterkeit und als Element ansieht – allerorts aus einerlei Art Teilen. Ihre Mannigfaltigkeit kommt nicht von ihrer eigenen

Veränderung, sondern von ihr zustoßenden Dämpfen und Ausdünstungen, die trockenes oder nasses, heißes oder kaltes Land, hier reine und lautere, dort faule und stinkende Wasser zum Ursprung haben. Diese verschiedenen Eigenschaften teilen sich in ihrem Aufsteigen der Luft mit.

Da Menschen und Vieh so wenig ohne *Wasser* wie ohne Erde und Luft leben können, so ist bei dem zum Bau bestimmten Ort nächst aller anderen erdenklichen Bequemlichkeit vor allem ans Wasser zu denken, ob man soviel wie man zum Trinken, Kochen, Wässern, Begießen, Kalkanmachen, Mulzen, Brauen sowie für Mühlen und Fischereien braucht, entweder am Ort selbst ursprünglich haben oder von der Nähe dahinleiten kann, wobei das *Quellwasser* – sonderlich wenn es aus Bergen mit erhobenen Hügeln entspringt – als das gesundeste und bequemste zu schätzen ist. Es ist frisch und kühl, von natürlichem süßen Geschmack, lauter und kristallklar, ohne Beigeschmack, fremden Geruch oder Farbe. Hinzukommt, daß es gesotten und wieder abgegossen am Boden keine Unreinlichkeit, auch oben am Geschirr keine kalkige Materie ansetzt, das Zugemüse – wie Gerste, Erbsen, Linsen, Stockfisch und dergleichen – bald schwellend und gar macht und das Brot sauer ausbäckt. Die Brunnenquellen, die gegen Morgen liegen, pflegen gesünder und edler zu sein als die gegen Norden und Süden liegenden.

Wo nun Luft, Wasser und Land ihr beliebtes Vermögen zusammentragen, hat die Lust zum Bauen bereits ein gewonnenes Spiel.

Das letzte, worauf der Hausvater erinnertermaßen seine Achtung zu wenden hat, ist das *Gehölz.* Es hat eine Wohnung vonnöten: 1. *Bauholz* – vornehmlich Eichen-, Föhren- und Tannenholz – 2. *Brennholz* – wobei das eichene, buchene und insgemein alles Laubholz größere Hitze gibt und besser für die Küche taugt als das föhrene, fichtene und tannene, welches gern spratzelt, so daß die Funken davon ins Essen springen. Das föhrene dient aber insbesondere zu Spänen und Schleißen, die man in den Viehstuben zu Nachtlichtern, zum Anbrennen und zu Bauernfackeln – um damit nachts über Land zu reisen – anwenden und gebrauchen kann. 3. *Geschirrholz* zu Wagen und Werkzeugen, die zum Feldbau gehören. Das Weißbuchenholz als das dichteste und festeste in diesen Landen kann zu Radachsen, Handgriffen, Hobeln und Geißfüßen, zu allerhand großen und kleinen Schrauben und Spindeln und Schraubstöcken verwendet werden. Es muß aber viele Jahre vorher wohl ausgetrocknet sein.

WAS BEI DER AUSWAHL
DER BAUMATERIALIEN ZU BEDENKEN IST

Unter dem Namen *Baumaterialien* wird allerlei Zeug verstanden, woraus ein Bau besteht, nämlich Holz, Steine, Ziegel, Sand, Kalk und allerhand Metalle, welches alles beizeiten zur Stelle geschafft werden muß, damit beim Bauen keine Hinderung vorfällt, sondern alles in der richtigen Ordnung fein hurtig vonstatten geht.

Die zum Bau dienlichen *Steine* sind entweder *Bruchsteine* oder Quaderstücke. Jene werden durch die Steinbrecher als rauhe und ungeformte Steine durch Steinpickel, Dölbe, Hebeleisen und Zwecke

gebrochen, wenn sie noch in großen Klippen anein-
ander haften. Diese aber – nämlich die *Quader- oder
Werkstücke* – werden erst aus jenen durch der Stein-
metzen Hand und Zeug nach dem Richtscheit und
Winkelmaß in ihre mannigfache viereckige Form gebracht und ausgearbeitet. Wenn die Quaderstücke
eines Schuhes Breite und Höhe haben, heißen sie
schuhige Stücke, wenn sie aber länger als zwei Schuhe
sind, so werden sie *Paarbände* genannt. Diese werden
gebraucht an den Ecken des Gebäudes.

Die schönsten Steine, die wegen ihrer Kostbarkeit
selten zu bürgerlichen, meist aber zu Prachtgebäu-
den genommen werden, sind die *Marmor*steine, die
sich an verschiedenen Orten in verschiedenen Farben befinden. Vor allem aber werden die weißen
Marmorsteine gepriesen, besonders, wenn sie zarte
Pünktlein wie ein glänzendes Salz haben.

Die *Tuff*steine sind wegen ihrer Leichtigkeit und
schwammigen Hohlheit nicht nur zu Bogenführun-
gen und Gewölben, sondern – wenn man sie in der
Menge haben kann – zu allerhand Mauerwerk, in
der Höhe und hauptsächlich zu Kaminen, sehr dienlich. Sie werden, gleich wenn sie frisch aus ihrer Ge-
burtsstätte kommen, mit enggeschränkten Sägen bequem geschnitten und leicht in allerhand Formen
gebracht, und – obgleich sie hart sind – lassen sie
sich doch leicht reiben, behauen und traktieren,
nehmen den Mörtel an, kleben fest untereinander
und an anderen Steinsorten, geben ein leichtes, trok-
kenes und der Gesundheit dienliches Gemäuer, haben auch Bestand und springen nicht im Feuer.

Die durch Kunst bereiteten oder gebackenen
Steine werden *Ziegel* genannt, und es kann zum

Mauern kein besseres Zeug gefunden werden. Vitruv zieht sie sogar dem Marmor vor, weil sie sehr haltbar und dauerhaft sind und auch zur Zierde dienen, wenn sie richtig gemacht und ausgebrannt sind. Sie müssen aus guten, zähen, weißen, rötlich-leimigen und geschmeidigen Letten gestrichen werden, ähnlich dem Ton, aus dem man Tabakspfeifen macht. Die Ziegel soll man im Frühling oder Herbst formen und streichen.

Als besonderes Kleinod ist's zu achten, wenn man an dem Ort, wo man zu bauen gedenkt, guten *Kalkstein* aus den Bergen brechen oder auf dem Felde und aus dem Wasser sammeln kann. Von dem unter den Kalk zu mengenden *gegrabenen Sand* hat der rötliche und goldfarbene und vor allem der lichtspielende und funkelnde – der aber rar ist – den Vorzug. Dem folgt der graue und der schwärzliche. Bei *Fluß- oder Meersand* sind zum Aufbessern gestoßene und durchgesiebte gebrannte Ziegelsteine zu einem Drittel unterzumengen.

Das *Kupfer* wird zu Dachrinnen gebraucht und, wer die Mittel hat, kann Dächer daraus machen lassen, obgleich es wegen der Kostbarkeit mehr zu öffentlichen als privaten Gebäuden gebraucht wird.

Das *Eisen* ist beim Bauen ein noch notwendigeres Stück. Daraus werden die Spillen und Klammern gemacht zum Zusammenfügen der Steine. Man schneidet daraus auch allerhand große, kleine und mittelmäßige Nägel, Schrauben, Ofenplatten, Riegel, Stangen, Türbänder und Schlösser, außerdem allerhand Werkzeuge wie Äxte, Beile, Zangen, Hakken, Hebeeisen, Heckenscheren, Schaufeln, Pickel, Hippen, Sensen, Hackmesser, Reißhaken, Pflugscharen, Eggen, Heu- und Mistgabeln, Radschienen, Bänder, Schließen, Sperr- und andere Ketten, Huf- und Radnägel und Hufeisen. Das Eisen wird am besten vor Rost bewahrt, wenn's *mit Blei überzogen* wird. Der trefflichste *Stahl* ist der, welcher am Bruch wie Silberglanz spielt und spiegelt und dessen zarte Aderäuglein dicht und gleichmäßig ineinandergeschoben sind.

Als Werkzeug und Hilfsmittel müssen auch vorhanden sein: Böcke zu Gerüsten, Bretter, Stangen, Leitern, Aufzüge, Aufzugsteile, Rüststricke und Bögen, um die Gewölbe zu machen.

VON DER BESTELLUNG
DER HANDWERKER

Die *Maurer* werden gedungen nach der Klafter, nach dem Tagewerk oder überhaupt. Welche dieser Bedingungen für den Bauherrn die anständigste sei, ist nicht leicht zu sagen. Denn *wenn sie den Lohn überhaupt oder nach der Klafter bekommen, pfuschen sie und übereilen die Arbeit* und machen in zwei Tagen, was sie sonst in drei machen würden.

Gibt man ihnen Tagelohn, so machen sie es wie die guten Schwimmer, welche auf dem Wasser sitzend oder liegend gleichsam spielen und sich nur so viel bewegen, daß sie nicht untergehen. Sie gaffen und bieten Maulaffen feil, plaudern, treiben lotterbübische Scherzreden und lockeren Zeitvertreib und lassen sich das alles so angelegen sein, als wären sie dafür mit gedungen. *Erwittern sie aber den Meister,* den Baumeister oder Bauherrn, *so wird alles rege und lebendig, da hauet und bauet alles,* da hat keiner jemandem einen Streich ge-

spielt, und es würde jedem leid tun, wenn er etwas
nicht gut gemacht hätte. So wird die Arbeit so gut
wie sie kann, nicht, wie sie sollte. Und es wäre *besser,
nicht gebaut als so übel gebaut*. Da ist nun wohl leicht
einzusehen, daß es unumgänglich ist, daß entweder
der Bauherr oder ein Aufseher stets ein offenes,
wachsames Auge auf sie haben muß.

VON DER GEBÄUDE FESTIGKEIT,
BEQUEMLICHKEIT UND ZIERLICHKEIT

Die Baukunst hat den Zweck, daß man alle und jede
Gebäude *stark und dauerhaft* und – soweit wie möglich – immerhaltend, zweitens *bequem und handsam*
und drittens auch *zierlich, artig und ansehnlich* vollfüh-
ren möge. Das erstere ist eine unentbehrliche Notwendigkeit, das zweite von besonderer Nützlichkeit,
das dritte aber ist wegen der lieblichen Anmut und
gleichsam Anrührung der Sinne anzustreben.

Alle und jede Orte des Hauses müssen *genügend
Licht* haben. Vor allem die Stiegen sollen mit einfal-
lendem Licht wohl versehen sein.

Es ist einer besonderen Erfindung zu gedenken,
welche den verdrießlichen *Rauch* aus dem Hause zu
weisen erdacht wurde: es wird oben auf die Feuer-
mauer eine Laterne von Blech aufgesetzt, die in
sechs dreieckige Fächer geteilt ist.

Der Gebäude Ansehen wird größer, wenn sie *hoch
stehen*, weil man – um solche zu besichtigen – die
Augen emporheben muß, oder wenn man auf *Stufen*
dazu ansteigt, da dann die erhabenen Glieder aufgrund der Optik oder Sehkunst weiter hervorste-
hend erscheinen, wodurch dann ausgerissenen Pfer-

den und Ochsen das plötzliche Ansprengen verwehrt wird.

Die Stufen sollen die Breite eines ganzen Schuhs zum Auftreten und die Höhe eines halben Schuhs haben.

Gleichwie in allen sinnreichen Erfindungen, so soll auch beim Bauen die Kunst der Natur nachgehen und sich so viel wie möglich nach derselben richten.

VON DEM WOHNHAUS
UND DESSEN EINTEILUNG

Die *Stuben* sind diejenigen Wohnzimmer, worin man des Winters einheizt und auch sonst den Sommer über wohnt, wenn man keine besonderen Sommergemächer hat. Die Stuben haben ihre angrenzenden Stubenkammern oder *Schlafgemächer*, worin das Ehebett steht. Zur Rechten des Bettes muß der Hausvater die Tür zu den Manneszimmern haben, zur Linken die der Frauenzimmer sein. In besonderer Bürger Wohnung kommt daran angrenzend die *Studierstube* und *der Frauen Kabinett*, damit sie beiderseits aus dem Schlafgemach an ihren Platz gelangen können. Auch kann *der Söhne Gemach* an die Studierstube grenzen und an der Frauen Stüblein *der Töchter Gemach*.

Wenn eine Standesperson oder sonst wohlbegüterter Hausherr das Belieben hätte, so könnte er weiterhin das eine oder andere Gemach einrichten wie etwa:

1. ein *Armarium oder Zeugkämmerlein* zur Verwahrung von allerlei Gewehren, mathematischen, musikalischen und anderen Geräten,

2. ein *Tablinum oder Bildergemach* für Gemälde, Kupferstiche, Kunstrisse, Zeichnungen, Landkarten,
Globus, Kunstzeitschriften und dergleichen,

3. eine *Pinakothek oder Kunstkammer*, um allerhand
Raritäten und Kostbarkeiten zu verwahren,

4. ein *Tabularium oder Schreibstube*, sofern vonnöten,

5. ein *Mulaeum modicellum, ein kleines Kabinett zum
Studieren*,

6. ein *Dormitoriolum, ein Kämmerlein zum Mittags-
schlaf*,

7. eine *Officinam oder Werkstatt* mit Hobel und Dreh-
bank,

8. *Speise-, Konfekt- und Arzneikämmerlein*, die an lufti-
gen, trockenen Orten unfern der Küche liegen
sollten.

Zum unterirdischen Stück des Baues gehört
hauptsächlich der *Keller*, derselbe wird nach den unterschiedlichen darin zu verwahrenden Dingen be-
nannt, als Wein-, Bier-, Obstwein- und Obstkeller.

Die *Stankgemächer* müssen nahe der Schlafkam-
mer oder unfern davon eingerichtet werden. Der
Stankgemächer Unsauberkeit muß unter der Erde
fortgeschafft werden, damit die Luft durch den häßlichen Gestank nicht – so oft wie es geschieht – ver-
fälscht werden möge. Der Boden sollte einen sich
neigenden Hang haben, damit der Unflat abfließt.
In solches Gewölbe könnten ein oder zwei Rinnen
aus dem Regenwasser sich ergießen; es wären auch
die anlaufenden Bäche von der Straße bei Gelegenheit dahin zu leiten. Falls Quellwasser vorhanden ist,
wäre es um so bequemer, damit solchen Wust wegzu-
spülen.

60 Wer aus der Viehzucht einen ersprießlichen Nutzen zu ziehen gedenkt, muß auf dreierlei bedacht sein: 1. daß er alles kleine und große Geflügel und sowohl Fasel- als auch Lastvieh vor rauhen Winden, Frost und Nässe wie auch vor übermäßiger Hitze wohl verwahre, 2. daß er es an Streuung und Fütterung und fleißiger Wartung nicht mangeln lasse, und 3. daß er treues und in diesen Sachen erfahrenes Gesinde halte.

Der *Dreschstadel* soll lieber etwas zu groß als zu klein sein und des Staubes und der Feuersgefahr halber vom Wohnhaus abgesondert werden.

Die *Kornkästen* sind auch wie die Dreschstädel an einem etwas erhabenen Ort zu bauen. In den niedrigen Kästen behält das Korn seine natürliche Feuchtigkeit und bleibt schwerer und voller, in den hohen zieht die Hitze die Feuchtigkeit aus den Körnlein und macht sie leichter und geringer. Deshalb loben wir den besagten mittelmäßigen Platz. Es muß Raum sein, das Getreide umzuschlagen und allerhand Früchte unterzubringen. Da werden drei, vier, fünf und mehr unterschiedliche *Böden und Bühnen* übereinander in genügender Höhe und darin wiederum verschiedene *Schütten* verfertigt. Ein *Aufzug* ist hier sehr nötig und bequem, die Früchte in den Säcken auf den Boden hinaufzuziehen, sowie ein *Rutsch- oder Ablaßbrett* zum Herablassen.

Unter einem *Brauhaus* verstehen wir ein solches Gebäude, in welchem nächst des Brauers Wohnung auch alles ist, was zum völligen Biersieden von Anfang bis Ende gebraucht wird. Seitlich der *Malztenne*

wird das Weichkämmerlein angelegt. Die *Dörrstube*
muß über einem ziemlich hohen Gemach oder nicht
zu niedrig stehen, weil die Röhren gleichfalls lang
und hoch sein müssen.

In dem *Wasch-, Bade- und Backhaus* reichen drei
Öfen für fünf Gemächer, wenn sie durch die Wand
hindurchgehen. Die Backöfen sollen nicht oben in
den Häusern oder an den Ställen oder Scheuern
oder wo sonst Heu und Stroh verwahrt wird gesetzt
werden, damit kein Feuer Schaden tun kann.

Die *Ställe* werden entweder *eigentlich* oder *uneigentlich* so genannt. Die eigentlich so genannten
Ställe gehören für großes und kleines Vieh und
sind die Pferde-Rinderställe, der Schafstall und die
Schweineställe. Uneigentlich so genannte sind das
Taubenhaus, die Hühnerställe und so fort. Dem
Stand und Aussehen nach wollen etliche, daß sie gegen Morgen gerichtet sein sollen. Es steht dahin, ob
an einem Stall – zumal an einem *Pferdestall* – in der
Giebelwand gegen Abend wegen des oft von dort
kommenden Ungewitters oder überhaupt aus Witte-
rungsgründen gar keine Öffnung zu lassen sei. Es ist
zu bedenken, daß das große herrliche Tageslicht
nicht selten bei seinem Niedergang ebenso lieblich,
wenn nicht lieblicher spielt und scheint als bei seinem Aufgang. Dazukommt, daß eben von Abend
das Wetter und die Winde kommen.

Wer den *Wind* auf der einen Seite einläßt, der
mache ihm vorher auf der anderen auf, daß er im
gleichen Moment die Einkehr und den *Durchzug* zugleich nehmen möge. *Der völlige Durchstreich des Win-
des und der Luft treibt das unlustige Wesen, faulen Duft
und Gestank zu einem Gemach hinaus; aber das bloße*

Hineinwehen oder Anhauchen treibt solchen Duft nur zu-
sammen an einen Ort, wo er nicht durch kann, und macht
das Übel nur ärger. Er bedarf keiner Lehne, Bank,
Sessels noch spanischer Wand, weder Kissens noch
Polsters. Er ist ein Landfahrer und Passagier, nicht
ein Zechbruder und Setzling. Lässest du ihm seinen
Willen und Durchzug – das ist seine Gewohnheit
und Natur –, so nützt er dir als ein Freund; hältst du
ihn auf, so schadet er dir als Feind, zum wenigsten
nützt er wenig.   –

Wer dem Stall an der Abendseite keine Öffnung
lassen will, der halte ihn auch zur Morgenseite geschlossen und bediene sich allein der Auslüftung
von Mitternacht nach Mittag, so gut er kann. Unserer Meinung nach sollte der Stall auf allen Seiten
seine Öffnungen haben.

Die Ställe sollen auch *nicht weit von der Weide* ab-
gelegen sein und einen *umzäunten Hof* haben, in welchem die Pferde und Füllen zur Winterszeit um Mittag oder sonst bei heiterem, lieblichem Wetter sich
auslüften und ergehen mögen. Auch soll allerlei Geflügel fern davon sein, am fernsten aber die
Schweine, weil den Pferden die Federn wie der Gestank und Mist der Schweine sehr schädlich ist.

Damit der stinkende Duft oben heraus kann,
müssen an jeder langen Seite je zwei und zwei *Luft-*
löcher gelassen werden. Sie sind eine zur Gesundheit
der Pferde nicht wenig beitragende Sache. Die Öffnungen müssen so viel und von solcher Größe sein,
daß sie den Stall *nicht anders als ein Wohnungsgemach*
erleuchten, weil die im Dunkeln stehenden Pferde scheu zu
werden pflegen.

Die Stände werden aus eichenen oder anderen

Brettern zusammengesetzt. Die Raufen und Krippen sollen so hoch sein, daß sie die Pferde mit den Mäulern erreichen können.

Die *Kühe- und Ochsenställe* werden manchmal völlig verfinstert, aber man muß nicht um der Wärme willen die Luft und das Licht verbauen und verbannen. *Das Licht ist beiden – Menschen und Vieh – lieblich und nützlich zu sehen. Daß aber die Dunkelheit zu besserem Gedeihen der Mästung anschlagen sollte, darüber sollte wohl selbst eine Kuh lachen.* Dem Sinne des Gesichts und Verstands will das nicht einleuchten.

Und was soll wohl der überschwengliche Vorrat – ich sollte wohl sagen: Unrat – *uralten Spinngewebes in den Ställen? Steht er ihnen wohl feiner und nützlicher als die Hecken, Dornen und Disteln dem Kornfeld, als der Staub dem Kleid, als der Kot dem Angesicht, als die Milben den Haaren, als der Rost dem Schlüsselhaken, als das Läuslein dem Pelz?* Aber was soll's, daß wir mit Beschämung solcher Schlammhäuser und Spinnenkrämer und mit Widerlegung des unvernünftigen Vorwands und der Beschönigung solchen Unfugs die Zeit und die Zeilen verderben! Sie sind doch so sehr auf diese von ihren Urahnen hergebrachte Reinlichkeit wie manche auf ihre Prunkstuben erpicht, daß sie das schöne Gespinst wohl gar in den Haaren und auf den Händen ohne Beschwer und Scham leiden können und dem Unfug weiter nicht steuern als so weit, daß sie nicht darin ersticken. Indessen ist gewiß, daß solche Spinnenmästung dem Vieh zu keiner Gesundheit, dem Futter zu keinem Salz, dem Stall und der Viehmagd zu keinem Ruhm, dem Hinsehenden zu keiner Anmut dient. *Ein solcher Viehstall mag wohl ein eigentliches Sinnbild der im argen liegenden und mit*

*Fleischeslust, Augenlust und hoffärtigem Leben überspon-
nenen Welt sein.* Die Natur selbst seufzt über alle, zumal geistliche Unreinigkeit. Demnach muß auch
hier neben gutem Futter heiteres Licht und winkel-
rechte Reinlichkeit sein.

Der *Schafstall* soll auch etwas erhaben und nur
des Nachts finster sein. Auch muß genügend *Weite*
da sein, *damit die Schafe um der Enge willen einander
nicht abmatten, treten und drücken,* und durch solche
Abängstigung und Ausdrängung die schwächeren
nicht beschädigt werden. Wo man Schafe in Men-
gen hat, müssen auch unterschiedliche Ställe für
Lämmer, Hammel und Widder, auch für erkrankte
Schafe bereit sein. Die *Geiß- und Bockställe* bedürfen
keiner besonderen Rubrik.

Die *Schweineställe* werden des Unrats halber im vor-
deren Hof nicht gelitten. *Dieses Vieh, obgleich es in
Stank und Unflat seine höchste Lust findet, will ein trockenes Lager haben.* Sie müssen außer dem abgesonderten
Platz auch ihre eigenen Mistställe haben, ebenso eine
weite *Kotlache, wo sie sich zur Zeit des Ausmistens tummeln
und auslüften, auch wälzen und baden können.* Letztlich
mag man ihnen noch eine *offene und freie Sommerher-
berge* bereiten unter einem Dach.

Es folgen nun die uneigentlich so genannten
Ställe, nämlich das *Taubenhaus.* Das muß nicht zu
nahe am Wohnhaus liegen, damit solches durch der
Tauben Aufsitzen nicht verunreinigt wird.

Es muß auch das Taubenquartier frei und sicher
sein gegenüber der Gefahr, der dieses Geflügel unterworfen ist. Denn *alles, was Diebeszähne, Klauen und
Knebel hat und bei Tag und Nacht gern hascht, nagt und
nascht, sucht hier die Garküche und Freitafel und verstoh-*

lenes Schnappbißlein. Und es haben die Tauben wie die Reichen viele Neider und Schmarotzer. Denn da sucht die Maus, da spürt die zahme und wilde Katze, da schleicht der Fuchs, der Iltis, der Wiesel, der Marder, da schnüffelt der Uhu, da stänkert die Nachteule, darauf spitzt sich das Falkenauge, darauf zielt der Habichtsschnabel, hierum dreht sich der Weihe Hühnerkropf, hier suchen auch Ottern und Schlangen was abzufangen, die Krähen und Raben wollen auch was haben. Das alles will hier ohne Kostgeld hausen und schmausen. Daher muß das Taubenhaus frei stehen wie eine Insel.

Oben über den Eingang zum Taubenhaus setzen wir den göttlichen Spruch unseres Heilands: «Seid klug wie die Schlangen und ohne Falsch wie die Tauben!»

Der *Hühnerkobel* sei nahe bei einer Küche oder einem Backofen, weil man die Hühner *nicht mit Rauch ersticken, sondern* sie damit *nur erquicken* kann. Außerhalb des Hühnerhauses wird ein Stiegelein mit eingehauenen oder eingeschnittenen Stufelein oder ein Leiterlein mit Sprossen neben oder an der Tür angelehnt und festgemacht. Inwendig werden *Nester* in der Reihe herum aufgerichtet und deren nicht wenig, dazu auch *Sitzstänglein,* damit sie aufsitzen mögen, wie sie die Lust hintreibt. Nicht wenig gelegen ist an einer *Wurmgrube* oder Wurmkasten zur Hühnerspeise.

Der *Gänsestall* sei ungeachtet dessen, daß die Gänse gern in den Wassern und Teichen wedeln, baden und schwadern, trocken und vor Winden und Nässe bewahrt. Man streue ihnen auch öfter frisches Stroh unter. Denn – obgleich sie bei freiem Umgang umherlaufen, wo sie ihren Kragen hin- und herstrecken und drehen und mit ihren Plattfüßen den Platz abzirkeln, wo sie wollen, und Luft und Wind noch mehr als das Wasser lieben –, so haben sie doch zur Ruhe und Nachtzeit gern einen trockenen und warmen Stand und Sitz. In welchen Stükken sie den Schweinen nacharten.

Manche machen den *Mastgänsen* jeder einen besonderen engen Verschlag, worin sie gerade stehen und sitzen, sich aber wenig rühren und reiben können. Das läßt sich machen, wenn man der Schnatterer wenig hat. Die Menge aber leidet's nicht, daß man jeder Gans eine besondere Zelle einräumt.

Der *Hundestall* wird entweder aus Laden zusammengeschlagen, oder man nimmt nur eine große Schwarte von einem großen ausgehöhlten Baum und deckt sie ihm über. Man kann seine Wächterhütte jenseits gegen den Torwärter aufschlagen, damit er die vorbeigehenden Leute nicht mit den Zähnen, sondern nur mit dem Geschall erreichen kann.

Von den *Wagenschuppen* ist weiter nichts zu sagen. Darum wollen wir hier keine vergebenen Worte machen und von den Ställen neben den Schuppen geradewegs auf die *Zisternen und Wasser* zugehen. Gott gebe, daß dieser Weg richtig und unser und aller Menschen Herz gerade und ganz zur geistlichen Lebensquelle der wahren Weisheit – und dadurch entstehenden Freude und Wonne mit gläubiger Begierde und sehnlichem Durst – geneigt sei und von den reichen Gütern des Hauses Gottes trunken werde und die göttliche Wollust als einen Strom in sich ziehe. Denn allein bei Gott ist die lebendige Quelle. Die Zisternen ersetzen den Mangel und Verlust des Quell- und Brunnenwassers. Daß solche Zisternen wie Brunnen und andere Wasserführungen *an reinen Orten* anzulegen sind, das gibt die Vernunft ohne weiteres von selbst ein. Denn wie reimt sich eine Stankdohle, ein Ausguß oder eine Kloake auf eine Zisterne? Zieht sie nicht den benachbarten üblen Geruch an und in sich – wie böse Gespräche gute Sitten verderben und sündhafte Gesellschaft die Seele verunreinigt?

Ob aber die Zisternen auch ebenso vor dem *Winde* zu verwahren sind, darüber waltet noch Zweifel. Wie kann man Wind und Wasser trennen, die doch so gern und so natürlich beisammen halten und in vertrauter Gemeinschaft stehen und so nützlich miteinander kurzweilen und spielen und miteinander heben und tragen? *Wer den Wind vom Wasser scheidet, der tut dasselbe wie der, welcher das Männliche vom Weiblichen absondert.* Er heißt Wind. Er windet und wendet sich, wohin er will. Er lacht auch der Klugheit, die ihm wehren will. Er soll nach des weisen Schöpfers Wink und Anstellung das Seine tun mit Regen und Wegen, mit Rühren und Reinigen. Nimmt er seinen Anteil und Kosters Gebühr, schleckert und leppert ein wenig davon, so bezahlt er das Trunklein reichlich und ersetzt einen Becher voll kalten Wassers durch einen herrlichen Regenguß. So gesehen trinkt der Wind nur von dem Seinen, das er ohnedies hergeführt und in die Zisterne eingerührt hat.

Der *Sonne* wird der Zisternendeckel nicht geöffnet, um ihre Wärme aufzunehmen. Sie mag aber wohl an dieselbe hinanscheinen, auch ein wenig hineinblicken; das schadet nicht. Aber das Kochen und

Erhitzen ist ihr zu verwehren. Je tiefer die Zisterne, desto weniger dringen die Sonnenstrahlen hinein.

Was das *Regenwasser* betrifft, das man in die Zisterne hineinläßt, ist es dasjenige, das meist im Frühjahr – besonders im Mai – und dann im Herbst gesammelt wird. Es kann auch Winterwasser mitlaufen, doch ohne untergemengten Schnee. Urplötzliche erste Güsse eines großen Platzregens sind nicht einzulassen, weil sie Würmer und Fäulung bringen. Man kann sie aber auf die große Miststätte hinrichten, da nützen sie mehr. Oder in die Gartenzisternen, die zum Wässern und Begießen dienen, die auch meist offen stehen und nur winters vor allzu großer Gefrier verwahrt werden.

Von der ersten Sammlung her – weil es durch das neue Gemäuer ungesund wird, wird ein behutsamer Hausvater das Wasser nicht zum Kochen und Bierbrauen anwenden, sondern dort, wo es dem menschlichen Leib nicht schaden kann. Man kann auch beim neuen Anlauf ein paar Hände voll Salz, ein Händlein voll präparierten Salpeter und gestoßene Krebsaugen und etliche Hände voll gestoßene Wacholderbeeren an einer Schnur in einem Säcklein – mit Steinen beschwert – auf den Grund lassen.

Die *Quellbrunnen* sind von zweierlei Art: die erste verdächtig und unbeständig – aus Regen und Schneewasser gesammelt – wird Torwasser genannt, die andere hat einen immerwährenden Zufluß und wird daher *lebendiges Wasser* genannt.

Es heißt: die Quellen, die gegen Morgen entsprungen sind, seien mittelmäßig ergiebig und gesund, die gegen Mittag entsprungenen schwach, denn die Hitze der Sonne widersteht der kalten

Kraft und hält sie zurück an ihrem Ursprung, die gegen Sonnenniedergang seien etwas reicher und solche, die gen Norden ihren Ursprung haben, seien subtil und kalt und ungesund, denn sie verstopfen mit ihrer Kälte die Poren – die Luft- und Schweißlöcher – im Menschen. Diese Regeln haben einen großen Anschein von Wahrheit, dennoch ist keine schlechterdings wahr. Summa: Es findet sich hier ein unendliches Wechselspiel der Natur und geht zu wie mit dem Wind: er bläst, wo er will, er hat ein freies Maul, das läßt er sich nicht sperren noch verspunden. Und das Wasser läuft und rauscht auch, wie es will und wo es will und hat einen spürenden Schnabel, es grübelt und schnüffelt alles aus, es macht alles gängig und läufig. Es heißt bei ihm: überall ran, überall raus. Ebenso läßt sich ein Weiser durch keinen Anstoß am Lauf der Gerechtigkeit hindern. *Die Wasserquellen laufen nicht und qualifizieren sich nicht nach des Menschen Regeln, sie machen gar zu viele Abweichungen, Ausnahmen, zweifelhafte Umstände und Ausflüchte: es hat jede ihren Kopf für sich – wie die Erdengäste, denen sie zueilen.*

Die *Wasserleitungen* geschehen entweder durch hölzerne, bleierne oder tönerne Röhren oder durch steinerne Kanäle. Die Kanäle oder Rinnen sind entweder offen oder verdeckt. Die vornehmste Sorgfalt ist auf die Verdämmung des Eingangs dieses Wassers zu stellen. Wäre ein Fels an der Stelle und fügte es sich so, müßte man ihm das Aushauen, Durchbohren oder das Sprengen nicht versagen. Ging's sauer, so hielt's doch die Dauer.

Ist das Erdreich gut, frisch, fruchtbar und trägt gern schönes Gras, nutzbare Kräuter, Blumen und

Bäume und allerhand Gewächse, da wird auch wohl Wasser anzutreffen sein, das zum Kochen und Trinken dienlich ist, wenn es auch ein wenig tief zu suchen ist. Einige halten es für ein Zeichen der Gegenwart des Wassers, wenn Weiden, Erlenbäume und dergleichen an einem Ort stehen. Andere wollen an solchen Orten keine Brunnen haben, wo Weiden und Rohr anzutreffen sind. Unsere unvorgreifliche Meinung ist, daß ein Ort der Weiden wegen zum Brunnengraben weder für tüchtig noch für untüchtig zu halten ist.

Man muß auch mit *Latwergen und Arzneien wider Gifte* versehen sein, um flugs Hilfe zu leisten, wenn sich etwa ein giftiger Dunst im Graben erheben sollte. Und obgleich die Luft nichts Böses in sich hat, so wird sie doch durch die allzu große Tiefe schwer und unerträglich.

Je mehr ein Brunnen geschöpft wird, desto frischer bleibt das Wasser. Was tut die Bewegung nicht in allen guten Dingen! Das *Brunnenfegen* ist im Mai – spätestens Juni – vorzunehmen. Wo Egel im Brunnen sind, muß man Aale oder Krebse hineintun, die sie verzehren. Doch muß man zusehen, wie man diese wieder herausbringt, weil sie schlechten Nutzen geben würden.

Es ist nicht allein eine Sache von großem Nutzen, sondern auch dringender Notwendigkeit auf dem Landgut, daß man – wo es an Schlaguhren mangelt – die Wände mit Schatten- oder – wie man sie nennt – *Sonnenuhren* ziert und ausrüstet.

Die andere Art, zu einem Gut zu gelangen, geschieht durch einen redlichen und aufrechten Kauf. Dabei ist: erstlich *nicht ratsam, daß der Käufer sich anmerken läßt, daß er ein sonderliches Verlangen, das Gut zu kaufen, hegt,* weil er dadurch dem gewinnsüchtigen Verkäufer selbst Ursache geben könnte, den Kaufpreis zu steigern. Weshalb er denn lieber durch einen vertrauten Freund sich über die Absichten des Verkäufers erkundigen als gleich selbst verhandeln soll. Zum zweiten soll er das Gut selbst sehen unter Hinzuziehung eines solchen Freundes, sich erkundigen, gründlich informieren und unterrichten lassen, ob auch sein anzulegendes Kapital und Kaufgeld nach Abzug der Unkosten zum wenigsten die landläufigen Ausgaben tragen. Wobei ihm nicht zu raten ist, daß er des Verkäufers und dessen Beistand mündlichem Bericht schlechthin traue, sondern er sich selbst oder durch andere bei den Nachbarn – besonders solchen, von denen er weiß, daß sie nicht des Verkäufers Partei nehmen – erkundigt. Am sichersten aber ist, wenn er Gebäude, Gärten, Wiesen, Felder, Wälder, Teiche und so fort *selbst in Augenschein* nimmt.

Zum dritten soll er sich wohl *erkundigen, mit was für einem Verkäufer er es zu tun hat,* was für Gerüchte über ihn gehen, ob er redlich und wahrhaftig oder vorteilhaftig, gewissenlos und mit Betrügereien zu handeln gewohnt ist und ob seinen Worten zuverlässig zu trauen ist oder ob Mißtrauen und Zweifel angebracht sind.

Vor allem aber soll er zum vierten sein Vermögen

mit des Gutes Wert und Anschlag vernünftig *überschlagen, ob er auch die Zahlungsmittel zusammenzubrin-
gen vermag.*

Was die *Nachbarschaft* betrifft, so soll er nachfor-
schen, was er Gutes oder Böses von ihr zu erwarten
hat. Eine böse Nachbarschaft kann einem Hausvater
das Leben rechtschaffen sauer machen. Je nachdem
die Nachbarschaft näher gelegen oder weiter entfernt ist, wäre nachzufragen, ob sie friedfertig oder
zänkisch, von gutem ehrlichem Namen oder wohl
gar der Zauberei berüchtigt, ob die Rain- und Mark-
steine richtig oder strittig, ob das Gut nicht wenigstens zwei Meilen von einer Festung oder Besatzung
liege, weil den benachbarten Bewohnern – besonders in Kriegszeiten – die größte Gefahr und Ver-
heerungen davon zuzuwachsen pflegen.

Die dritte Art, in eine Haushaltung zu treten, ist
die *Pachtung.*

VON DER KENNTNIS DES JAHRES
UND DER JAHRESZEITEN

Bei den beiden Betrachtungen – über Wetterverän-
derung und künftige Frucht- und Unfruchtbarkeit –
können wir nicht verhehlen – sondern wollen so-
gleich am Anfang aufrichtig und offenherzig bekennen –, daß, sofern in der Haushaltung etwas zu finden ist, das *ungewiß und auf bloßer Mutmaßung* be-
ruht, diese beiden Abhandlungen in diesem Sinne
die oberste und vornehmste Stelle verdienen. Eine
Haushaltung, die in diesen Dingen vollkommene
Gewißheit hätte, wäre unzweifelhaft glückseliger
und ordentlicher beschaffen als eine, wo man ohne
einige Kenntnis hiervon blindlings und plumpsweise

in den Tag hineinhausen wollte. Deshalb wollen wir dem Hausvater zu Dienste alles und jedes, was in der Natur nach Vernunft und Erfahrung einige Wahrscheinlichkeit zu haben scheint, zusammensammeln, damit er mehr Gewißheit erlangen möge in dieser zwar natürlichen, aber bisher dennoch mit viel Dunkelheit und Finsternis verhüllten Wissenschaft.

Soviel nun die Kenntnis des Jahrs und der Jahreszeiten betrifft, so wissen wir nicht allein aus dem Buch der Schöpfung (Kapitel I, 14), daß der allmächtige und allweise Schöpfer zwei große Lichter – *Sonne und Mond* – geschaffen hat, die da *scheiden Tag und Nacht* und Zeiten und Tage geben, sondern es haben auch die Sternkundigen von vielen hundert Jahren aus derem ordentlichen, unverrückten Lauf gelernt, daß die Sonne durch ihre – tatsächliche oder scheinbare – Bewegung in 365 Tagen, 5 Stunden und beinahe 49 Minuten den ganzen Himmel durchläuft und einen völligen Laufkreis beschreibt. Diesen tritt sie nach verrichtetem Umlauf sofort unausgesetzt wieder an und behält ihn unverändert bei, so daß er niemals im geringsten davon abweicht. Die anderen *Planeten* halten sich ziemlich genau an diese Sonnenwege (Ecliptica), schweifen aber bald zur Rechten, bald zur Linken – einer mehr, der andere weniger – davon ab, so daß die allergrößte Ausschweifung auf 10 Grad – das ist ungefähr so viel wie 20 Vollmonde breit – sich erstreckt und die ganze breite Heerstraße mit der Sonne in der Mitte die große Himmelskugel gleichsam wie ein 20 Grad breiter Gürtel bindet und umzingelt.

Diesen ganzen breiten *Himmelsgürtel* – oder sozusagen gürtelförmigen Tummelplatz der Planeten –, den man von alten Zeiten her nach den *Gestirnen,* die über ihm fast immer unbeweglich stehen und mit allerlei Tiernamen wie Stier, Widder, Löwe, Steinbock usf. bezeichnet, und den Zodiakus – den man auch *Tierkreis* oder Straße nennt – haben die Sternweisen in zwölf gleiche Teile geteilt, entsprechend den zwölf Monaten.

Die alten Gallier und Sachsen sollen die *Jahre nach dem Mond gezählt* haben, was auch noch die Tartaren, Türken, Araber, Chinesen, Japaner und Peruaner tun, welche es sich nicht verdrießen lassen, den Anfang des Mondjahres bald im Winter, bald im Herbst, bald im Frühling zu begehen.

Da auch die Veränderung der Witterungszeiten viel – besonders die Kälte und Wärme betreffend – von der Sonne Auf- und Absteigen herrührt, so wird das ganze Jahr in den Ländern, wo derselben Strahlen nicht in geraden Linien auf die Scheitel, sondern nach der Quere fallen, in den *Frühling, Sommer, Herbst und Winter* geteilt. Die *Monatszeiten* werden des Mondes Lauf zugeeignet.

Der erste römische Kaiser Gajus Julius Cäsar hat den bis dahin 354 Tagen des Jahres noch 11 beigezählt und auf die 365 Tage eingerichtet. Die 6 Stunden aber, die er jährlich überbehalten glaubte, machen mit 4 multipliziert einen natürlichen Tag. Ihn hat er in jedem 4. Jahr in den Monat Februar eingeflochten. Weil aber nach vielen hundert Jahren eine Unrichtigkeit auftrat, so ist der *alte Julianische Kalender* von Papst Gregor 1583 reformiert und deshalb der *Gregorianische Kalender* genannt worden.

Ob diese unsere Welt
von den Gestirnen Gutes zu hoffen
oder Böses zu fürchten habe

Obgleich die Astrologen bei dem Begriff Gestirn keine noch so weit entfernten Fixsterne ausschließen, so werden doch die Planetsterne − weil sie der Erdkugel näher sind und stärker als jene auf sie wirken können − vornehmlich gemeint, derer sieben gezählt werden, nämlich Sonne, Mond, Mars, Merkur, Jupiter, Venus und Saturn.

Was die Glücks- und Unglücksfälle betrifft, so glauben sie, daß *ein Teil dieser Planeten gut und heilsam, ein Teil aber böse und schädlich* sei und den Tieren und dem menschlichen Leibe, besonders aber allerlei Feuchtigkeiten, ansteckende Seuchen, Nahrungsmangel usw. bringe, andere hingegen mit der Fruchtbarkeit gesunde Luft und alle Wohlfahrt − sofern sie nicht von den bösen gehindert werden, die Hagel, Donner, Erdbeben, Husten, Schwindsucht, Aberwitz und dergleichen verursachen.

Die Vermutungen, die über die *Kometen* und anderen neuen Sterne gemacht werden, haben nicht nur Astrologen, sondern auch viele alte Philosophen und Kirchenväter geteilt, indem sie sie als *Vorboten betrüblicher und trauriger Fälle* betrachten. Andere haben sie als *indifferent*, sowohl Gutes wie Böses bedeutend, geachtet, andere hingegen ihnen gar keine Wirkung und Bedeutung zugeschrieben. *Es geht hier der Hausvater*, der in der Furcht Gottes wandelt, *am sichersten die Mittelstraße, indem er sich weder zu ängstlich davor entsetzt noch alles in den Wind schlägt.*

Menschen, die in gewissen Zeiten Kopfschmerzen und Reißen in den Gliedern – wie Händen, Lenden, Knien und anderen Gelenken – zu fühlen pflegen und vor der Zeit dergleichen Ungemach leiden, die *merken an ihrem Leibe als einem stets an sich tragenden Kalender, daß Regen und Unwetter kommen.*

Wenn ein gesunder Mensch träge und verdrossen ist, als wären ihm alle Glieder krank, besonders aber in seinem Haupte unlustig wird, so kommt gern ein Ungewitter und namentlich ein Donnerwetter.

Wenn der *Mond übermäßig weißlich* in der Mitte und schön silber- und perlenfarbig mit gar spitzigen Hörnern erscheint, so gibt er Anzeige zu *klarem Wetter.*

Wenn der Mond *finster und aschenfarbig* ist, so ist *Windbrausen und Regen* zu vermuten.

Wenn die *Sterne* sich geschwinde fortzuwalzen scheinen, so bringen sie Winde.

Kometen, die sehr groß und lange am Himmel gesehen werden, sind oft Vorläufer von großem Sturm, Wind und Landstrafen gewesen.

Der Ost*wind* ist trocken und bringt schönes und meistens beständiges Wetter. Der Südwind ist warm und meist feucht. Der Westwind pflegt gemäßigte Kälte und nassen Regen und Schnee mit sich zu führen, je nach der Jahreszeit. Der Nordwind ist trocken und sehr kalt.

Wenn finsterfarbene oder rötlich-grüne *Wolken* wie zerhechelte oder abgeschnittene Wolle häufig von Süden ziehen, so mag man Regen erwarten, der bis zu drei Tagen dauert. Viele Wolken, die gleich neben der Erde stehen und unten schwarz sind, bedeuten Nässe, auch wenn sie oben rosenrot sind. Die grüne Farbe in den Wolken, mit roter und schwarzer Farbe vermengt, bedeutet heftigen, grausamen Donner. Weißliche Wassertropfen, die besonders in Mistlachen und faulem Wasser große *Wasserblasen* im Herabfallen ergeben und lange dauern, bedeuten einen langen Regen.

Je grüner die Farbe des *Regenbogens* ist, desto mehr Regen ist gefallen, je roter der Regenbogen, desto stärker blies der Wind.

Das rote *Wetterleuchten* ist noch gefährlicher als das gelbrötliche und zündet mitten im Regen, was brennen kann, ist auch mit keinem Wasser zu dämpfen. Das schwärzliche Wetterleuchten, das voller Rauch zu sein scheint, zerspaltet und vernichtet Türme, große Bäume und was es sonst antrifft.

Der große, breite und vieleckige *Schnee*, der wie Wolle und Federn herabfällt und sich zusammenballen läßt, verkündet gemäßigte Kälte und Tauwetter. Wenn es klein und subtil schneit, so ist eine Zeitlang große Kälte zu vermuten.

Wenn das *Vieh* gegen Mittag nach der Luft schnappt und mit offenen Nasenlöchern über sich riecht, wenn die *Schweine* Heu und Stroh hin- und herschleppen und -werfen, als wenn sie toll wären, wenn die *Hunde* Gras fressen und wieder ausspeien, sich oft wälzen, nichts fressen, in der Erde kratzen und morgens heulen oder der Bauch ihnen murrt, wenn die *Wölfe* und *Füchse* heulen und bellen und sich den Häusern und Dörfern nähern, wenn der *Igel* die Löcher an seinem Nest zustopft – von diesem allen vermutet man Regen. *Fische*, die in Wassern hoch gehen, daß man ihren Rücken sehen kann, sind des Regens Vorboten.

Wenn die *Regenwürmer** aus der Erde kriechen, wenn die *Bremsen, Stechfliegen, Mücken und Flöhe* sehr beißen, wenn die *Bienen* aus ihren Stöcken nicht heraus wollen, wenn die *Frösche* des Morgens und die Laubfrösche des Nachts ungewöhnlich quaken, wenn die *Mäuse* laut pfeifen und haufenweise auf die Dächer laufen, wenn die Mäuse im Herbst ihre Nester mit den Kornhaufen dicht unter der Erde machen, so vermutet man im Anfang des Winters wenig Schnee.

Wenn die *Kerzen und Öllichter* prasseln, spritzen und dunkel brennen, als wollten sie ausgehen und die Strahlen dunkel und stumpf von ihnen ausgehen, wenn eine Krone mit allerlei Farben wie ein Regenbogen um das Licht erscheint, wenn die heimlichen Gemächer mehr als sonst *stinken,* wenn das *Feuer* blaß brennt, wenn an den Pfannen, Töpfen und Kesseln beim Feuer viele *Funken* hängen, wenn der *Rauch* aus dem Schornstein dick aufsteigt und nicht gern aus dem Haus will, wenn die Spinnweben in der Windstille umfliegen, wenn die *Brunnen und Flüsse* ungewöhnlich schnell austrocknen, wenn die *Saiten* auf den Musikinstrumenten sich anziehen, wenn die *Türen und Schlösser* schlecht schließen und das Holz anschwillt, wenn *lederne Gürtel, Schuhriemen* und dergleichen Bänder einschrumpfen und kürzer werden, wenn *Tische, Kästen* und dergleichen – sonderlich von Eichenholz – oft knarren und krachen, als ob sie reißen wollten – dieses alles gibt Regen zu erkennen.

Es ist im allgemeinen ein gutes Jahr zu erhoffen, wenn

alle vier *Jahreszeiten ihre rechten Eigenschaften haben.*
Hingegen ist ein Mißjahr zu befürchten, wenn kein
Jahresteil so geartet ist, wie es natürlich sein sollte.

VON FEUERSBRÜNSTEN

Übrigens entstehen die Feuersbrünste entweder gefährlicherweise oder aus Nachlässigkeit und Überse-
hen oder endlich von ungefähr. Gefährlicherweise
werden die Feuersbrünste erregt durch das Feueran-
legen oder Brandstiftung, welches entweder aus pri-
vatem Haß und Feindschaft gegen jemanden geschieht oder um eine ganze Stadt, ein Dorf oder
eine Gemeinde hierdurch zu verderben. Jene werden
Brenner genannt, welche vorbedachtermaßen nur
dieses im Schilde führen, daß sie demjenigen, gegen
den sie eine Feindschaft hegen, schaden wollen –
obgleich es vorkommt, daß die Flamme weitergreift
und auch die benachbarten Häuser in Asche legt.
Diese aber pflegt man *Mordbrenner* zu nennen, die
nicht zum Sengen und Brennen, sondern auch zum
Plündern, Rauben und Morden kommen, auch in
Kriegszeiten vom Feind hierzu ausgeschickt werden.

VOM ACKERBAU

Die gerechteste und nützlichste Bemühung, die man vor-
nehmen kann, ist der Ackerbau. Erstlich ist es gewiß,
daß – wenn man alle Geschäfte und Hantierungen
ansieht, womit sich der Mensch in der Welt fort-
bringen und ernähren muß – keine dem Ackerbau
verglichen oder vorgezogen werden kann, weil es mit
demselben derart ehrlich und aufrichtig zugeht, wie

es bei anderen Hantierungen und Geschäften nicht leicht geschehen kann. Weil doch immer zwischen vielen Käufern und Verkäufern der Sündennagel steckt und gar oft die Klage – es sei kein richtiges Verhältnis zwischen Geld und Ware – gelten will. Man betrachte auch den Handwerksmann: er ist zwar nicht zu tadeln, sondern hat vielmehr nach dem Sprichwort einen goldenen Boden, doch wird man bei genauer Überlegung gleichfalls so viel bejahen müssen, daß dessen Gewinn teils schlecht und verächtlich, teils auch wandelbar und ungewiß ist. Da der Warenpreis bald zu steigen, bald zu fallen pflegt und – was noch das Ärgste ist – der Handwerksmann bei diesen eigennutzigen und harten Zeiten fast des Kaufmanns Sklave sein muß. Hingegen hat der Ackerbau seinen Gewinn mit niemandes Schaden und Beschwernis, sondern vielmehr nimmt er aus allem Nutzen und Wohlfahrt, weshalb er von Cato recht nachdenklich *«ein feiner und zulässiger Gewinn, den man ohne Neid und Haß, ja sogar ohne böse Gedanken haben kann»* genannt wird. Ja, der höchste Gott selbst – als er wegen der ersten Übertretung seines heiligen Gebots, welches von unsern verführten Stammeltern geschehen ist, den Menschen die saure Schweißarbeit auferlegt hat – hat kein unschuldvolleres und glückseligeres Leben geben können als das um Äcker, Gärten, Weiden und Felder bemühte Landleben.

Wir würden ohne Schuhe, breite Stulphüte oder kleine Topfhüte, auch wohl ohne französische Agraffen leben können. Aber das menschliche Leben würde nur so lange währen wie das Leben einer Eintagsfliege, wenn wir den Feldbau entbehren sollten. Worauf denn Xenophon zielt,

wenn er schreibt, der Feld- und Ackerbau sei gleichsam aller Gewerbe und Hantierungen Ernährerin
und Mutter, und wenn's mit demselben wohl stünde,
befänden sich auch die anderen nicht übel. Und Ci-
cero schreibt: «Der Feld- und Ackerbau ist eine
Kunst und Wissenschaft, die lehrt, mit der Erde
nützlich und einträglich zu handeln und zu
wuchern.»

Des Ackerbaus Annehmlichkeit und Lieblichkeit
zeigt sich vornehmlich darin, daß das sogenannte
Landleben von allen Sorgen befreit und die bequemste
Ruhe mit sich bringt. Deshalb begeben sich so viele
aus den Städten zu dem Zweck aufs Land, um mit
Äcker zu besäen, Gärten anzulegen, Wein zu pflanzen und sich zu ergötzen und ihr Leben damit zuzu-
bringen, damit sie, *den Stadtsorgen und dem Tumult
entrissen* – leben und sich da gleichsam verstecken
können, wo sie überdies an allem Notwendigen keinen Mangel leiden, da die wohlbebaute Erde alles,
was sie brauchen, im Überfluß beschert. *Auch die tap-
fersten und zu den wichtigsten Verrichtungen der Welt vor-
gesehenen Helden haben keine anständigere Lust, als den
Ackerbau zu erkiesen, gewußt.* Denn sie haben eine be-
queme Müßigkeit, liebliche Wasserflüsse, hören das
liebliche Geschrei des Viehs, schlafen lieblich unter
einem grünen Baum, sehen ihr Vieh auf schönen
Wiesen umhergehen, was ein fröhliches Gemüt
macht und alle Sorgen vertreibt, wie Horaz in seinen
Oden singt:

«Wohl, wer weit von Geschäft und Sorgen
und in dem Stand der Alten ist,
baut mit den Ochsen Feldermorgen,
weiß nichts von Geiz und Wucherlist.»

Etliche zwar meinen, daß die ausgemergelte und immerfort schwangere und niederkommende Natur durchs Alter dermaßen abgenommen habe und schwächer geworden wäre, so daß man solchen Reichtum wie vordem vom Akkerbau heutzutage nicht mehr zu erhoffen habe. Es ist aber gewiß, daß fast alle Mißwüchse nicht durch des himmlischen Wetters Ungunst oder aus der Erde Unbequemlichkeit und Alter als vielmehr *aus der Menschen eigener Schuld ihren Ursprung nehmen.*

Es ist zu raten, die Felder, Gärten usw. mit guten *Hecken und Zäunen* zu versehen. Ferner soll der Hausvater, bevor er anfängt, das Feld zu bebauen, alles dazugehörige und notwendige *Gerät* anschaffen und das, was er hat, aufs fleißigste verbessern, bereiten und rüsten – wie Sicheln, Hobeln, Pflug und dergleichen.

Wenn man der Erde und der Menschen Geistesgaben miteinander vergleicht, so ist die Erde viel ehrlicher als die Menschen. Diese können sich nicht selten meisterhaft verstellen, jene aber wird nicht lügen.

Ein jedes Tierlein behandle man nach seiner Art, dann wird sich auch das Schlimme zum Guten wenden lassen. Erkennt man auf diese Weise auch die Erde und deren Besonderheit und entscheidet mit Vernunft, welche Gewächse in der trocknen, welche in der feuchten, welche in dieser oder jener Erde gedeihen, so wird auch die Erde eine gute Hebamme sein und ihrer Lust zu gebären durch eure Hand leicht forthelfen.

Es müssen nicht nur *zur Verbesserung der Felder* die schädlichen Bäume und Sträucher umgehauen, sondern auch die Steine ausgerottet, die Gräben und Tümpel ausgetrocknet und Dung aufs Feld gebracht werden. Weil jedes Ding seine Zeit hat, so soll eine jede Sache weder zu früh noch zu langsam oder nachharrend, sondern zu rechter Gelegenheit geschehen. Da der menschliche Witz immer weiter geht und über das, was ihm nützt, sich immer mehr ausgrübelt, hat es auch etliche gegeben, die sich darum bemüht haben, wie sie den *Samen durch Künste fruchtbar machen* und hierdurch einen reichen Segen erlangen können. Das üblichste Mittel ist, daß man das Korn, soviel man säen will, Tag und Nacht *in eine gute dicke Mistpfütze einweicht.* Andere geben an, daß man in einem alten Faß *Regenwasser* sammeln und mit dem herausgenommenen Bodendeckel wieder zudecken, Salpeter einrühren und später damit die Samen besprengen soll. Noch andere raten, im Mai den *Tau* zu sammeln und damit die Körner aufquellen zu lassen.

Weizen soll früh gesät werden, damit er beizeiten auswurzelt und ausschlägt, da er sonst von den Vögeln weggefressen wird. Roggen teilt man in Sommer- und Winterkorn, ebenso Gerste. Obwohl der *Hafer* eine Pferdespeise ist, so wird doch Grütze und Mehl daraus gemacht.

Die *Erbsen* sind ebenfalls eine sehr herrliche Frucht. Die *Linsen* sind in der Haushaltung eine nützliche Hülsenfrucht und für das Gesinde, das selten mit niedlichen Bissen gesättigt werden kann, eine ersprießliche Speise, die durch die Arbeit zu einer leichten Verdauung zu bringen ist. Des *Hirses* Nützlichkeit ist daraus zu ersehen, daß er nicht allein für Menschen, sondern auch fürs Vieh eine gute Nahrung gibt. *Bohnen* dienen auch zur Mästung des Viehs – wie Ochsen, Pferde, Gänse und Schweine –

und geben ein herrliches Pferdefutter ab, besonders für Pferdemütter, wenn sie trächtig sind, zumal sie deren Fruchtbarkeit fördern und die Füllen erhalten und stärken. Sie können auch im Notfall zum Brotbacken gebraucht werden. Ihrer Signatur nach sehen sie den Nieren ähnlich und reizen zur Geilheit.

Der *Reis* nährt nicht allein, sondern vermehrt das Geblüt und stopft etwas, weswegen er den Bauchflüssigen nicht undienlich ist. Wenn er etwas unter Wasser gestanden hat, wird er in kurzer Zeit so frech hervorschießen, daß man sich darüber wundern muß. Der Reis führt auch einen guten Branntwein bei sich, welchen man daraus destillieren kann.

Des *Hanfs* Stengel oder Kraut gibt – recht zugerichtet und bereitet – starke Seile und Stricke, womit man schwere Lasten ziehen kann. Der *Lein oder Flachs* ist zarter als der Hanf und verlangt deshalb größere Arbeit. Er gibt gutes Tuch und Leinwand, welches die menschliche Notdurft nicht entbehren kann, gleich am Anfang des Lebens, wo man Windeln haben muß. Nachdem uns in Deutschland die Indianer – oder die Völker in der Neuen Welt – nicht nur mit ihrem Gold bereichert, sondern auch mit ihren *Früchten und Kräutern* beschenkt haben, so wäre zu wünschen, unsere Nation hätte beides mit Maßen gebraucht und keinen Unterschied gemacht zwischen dem Gebrauch und Mißbrauch einer Sache. Allein, es ist – Gott erbarm's! – so weit gekommen, daß uns ihr Gold tyrannischer, geiziger, verschwenderischer und prahlender gemacht hat. Ihre Gewürze nehmen wir nicht wie sie – die es doch besser verdauen können, weil sie einerlei Himmel und Saft der Erde haben – mit Maßen, sondern zum

Überfluß. Ja, indem wir die Kräuter annehmen und mit großen Unkosten mit bewaffneter Hand holen, um damit unser Leben zu verlängern, fressen wir uns statt dessen den Hals mit solchen Dingen ab. *So aber holen wir armen Leute der Alten Welt etwas aus der Neuen Welt, was uns bald fortschickt in die andere Welt.* Dazu gehört nun besonders *das liebe Kraut Tabak, ein herrliches, aber bei uns jämmerlich mißbrauchtes Gewächs,* das in Deutschland nicht bekannt war und mit dem tausenderlei Gutes und Böses angestiftet worden ist. *Wenn wir das Übel – wofür das gute Kraut nichts kann – allein ansehen wollten, so könnten wir Bedenken haben, dem klugen Hausvater Anweisungen für den Anbau dieses Krauts zu geben.*

Des Tabaks Tugend und Wirkung hat zuerst entdeckt Herr Jean Nicot, Staatsrat und Gesandter am Hof Francisci II. in Portugal. Nach dessen Namen ist es *Nicotin* genannt. Er bekam etliche junge Setzlinge und Pflänzlein von einem Edelmann, der die Oberaufsicht über die Königlichen Lustgärten hatte. Sein Kammerpage gab seinem Kameraden etwas von dem Krautsaft auf eine an der Nase befindliche offene Stelle, die schon bis aufs Knorpelbein hineingefressen war. Dadurch ist der Page zur großen Verwunderung geheilt worden.

Obgleich gegen alles Unglück, das den Gewächsen zustoßen kann, nichts besser ist als ein andächtiges christliches Gebet, so muß doch auch ein fleißiger Hausvater das Seinige tun und keine Mühe sparen, um Unheil und künftiges Unglück abzuwenden. Das Beten allein wird ihm so sehr zum Vorwurf werden wie jenem Bauern, der mit seinem Wagen in einen tiefen Morast gefallen war und der Herkules als einen der starken Götter unaufhörlich anschrie: «Ziehe mir doch den Wagen heraus!» Allein, nichts geschah. Als er gar nicht mit seinem Schreien nachlassen wollte, erscholl eine Stimme: «Alcides hilft dir gern, doch – Narr! – du mußt dich regen und neben dem Gebet auch deine Händ' anlegen!»

Außer dem *Moos* ist der *Maulwurf* den Wiesen ein schädliches Ungeziefer, welcher mit seiner Minierer-arbeit eine gleichmäßige schöne Wiese voller Berge und Hügel macht. Sein Gehör ist so scharf, daß er auch das stille Kriechen der Regenwürmer genau hört und die Stimmen derer, die ihm – der doch un-ter der Erde ist – auf der Erde nachstellen, auffängt. Diesem Schatzgräber das Handwerk zu legen, wer-den unterschiedliche Mittel gebraucht; darunter wäre wohl das sicherste, die Wiese zu pflastern. Aber im Ernst: es gibt etliche, die ihn mit einem toten Krebs verjagen, den sie dem Maulwurf in die Löcher und Gänge legen, andere hingegen machen Schlin-gen von Pferdehaaren. Wiederum andere ebnen die Maulwurfshaufen und verharren dort, bis der Maul-wurf kommt und, um Luft zu suchen, die Erde frisch aufwirft, wobei ihn der Bauer oder Gärtner dann ge-schwind erschlagen kann.

Vom Garten

Die Menschen, welche von der Erde genommen, haben auch ein besonderes Belieben, die Erde zu bebauen. Insonderheit geht ihnen der Gartenbau über alles. Auch einer Stan-desperson ist es nicht zu verdenken, wenn sie ihr Vergnügen auf der Erde und in den Gärten sucht, indem sie – wie andere Sterbliche – das Gesetz «Du bist Erde und sollst Erde werden» als unleugbares Eigentum annimmt. So ist auch bekannt, daß alle Geschöpfe des großen Schöpfers ein natürliches Behagen haben an dem, aus welchem sie entsprossen sind oder welches mit ihrem natürlichen Wesen am meisten übereinstimmt: das Wild eilt nach dem Gehege, die Vögel suchen ihr Vergnügen in der freien Luft, ebenso wie die unzählbare Menge der Fische im Wasser. *Wie ist's demnach verwunderlich, wenn der Mensch als das vornehmste Geschöpf Gottes auf Erden auch sein Behagen und Vergnügen an der Erde hat? Da er ja aus ihr entsprossen ist.*

Weshalb *das Gartenleben* nicht allein *das seligste,* sondern auch das *lustigste, vorteilhafteste und gesundeste* ist, haben schon vor langer Zeit viele gelehrte Männer in ihren Schriften erkannt und dargelegt. Und gewiß, wenn man über diese Sache etwas gründlicher nachdenkt, ist das nicht ungereimt, besonders wenn man dieses Lebens Ursprung und Anfang betrachtet. Denn *der allheilige und allgütige Gott,* der Schöpfer und Erhalter aller Dinge, *hat den ersten Menschen in dem allerschönsten und edelsten Garten des Paradieses erschaffen, worin er aller seligen Lust ohne Untermischung einiger Traurigkeit hätte genießen können, sofern nicht der traurige Sündenfall dies – leider! – verhindert und den Menschen in einen so mühseligen Stand gesetzt hätte.*

Auch kann das Gartenleben das lustigste genannt werden, angesichts dessen, daß alles, was nur Atem schöpft, im Frühling und Sommer – zum Teil auch im Herbst – den Betrachter mit aller erdenklichen Anmut und Annehmlichkeit erquickt und ergötzt, denn dann sieht man das dürre Gras und Erdreich

88

sich in grünes Gewächs verändern und alles Erstorbene wieder lebendig werden, allerlei *Sprößlinge und Blumen* aus der finstern Erde Schoß wieder an den Tag kommen und mit ihrem lieblichen Geruch und ihren anmutigen Farben Nasen und Augen erquikken. Dem folgen die wohlschmeckenden *Sommerfrüchte*, deren erfrischender Geschmack des Anschauers Zunge zur Prüfung reizt. Kurz darauf sieht man die Bäume mit *Herbst- und Winterobst* beladen. So daß also die *Gartenarbeit* nicht eine Folge des göttlichen Fluchs, sondern eine *Lustübung und Nachahmung der göttlichen Natur, ein Spiegel des künftigen Paradieses, eine Erquickung der abgematteten Geister und eine Lustarbeit der menschlichen Begierden* genannt werden kann. Durch fleißiges Pflanzen und Begießen, emsiges Anbinden und Beschneiden, verständiges Pfropfen und Okulieren, unverdrossenes Warten und Pflegen wird massenhaft für Speise und Trank gesorgt, manche sündige Lust vertrieben, mancher Unmut gestillt, mancher Sorge abgeholfen, mancher Verdruß vergessen, und es werden die Lebensgeister erquickt. Wem könnte wohl die Kost der Speise und der Genuß des Tranks bequemer und seinem Leibe ersprießlicher sein als jenem, der nach eingenommenem Mahl im Grünen des Gartens spaziert und sich durch solchen Gang der genossenen Speisen Verdauung zuwege bringt? Die Keller werden mit Obst, die Apotheke mit Kräutern, die Tafel mit wohlschmeckenden Früchten, die Herzen mit süßer Freude, die Augen mit angenehmer Grüne, die Nase mit herrlichem Geruch und der Mund dermaßen durch den Genuß der vortrefflichen Obstsorten angefüllt, daß solche zulässige Wollust besser zu emp-

finden als mit Worten zu beschreiben ist. Des ersprießlichen Seelennutzens – der sich hierbei als ein
reicher Strom ergießt – nicht zu gedenken, indem ja
bekannt ist, daß im Garten kein Gräslein betrachtet
werden kann, das nicht zum Lobe seines Schöpfers
herrliche und seelenerquickende Gelegenheit darrei-
chen würde.

In Betrachtung dieses edlen Lebens hat die *Gar-
tenwissenschaft* viele vornehme Liebhaber und Förde-
rer gehabt, da große Potentaten, Kaiser und Könige
nebst anderen Fürstlichkeiten jederzeit eine besondere Vorliebe dafür hatten. Diokletian hat gesagt:
ein Tag in seinem Garten sei ihm lieber als alle
Herrlichkeiten, die er zeit seiner kaiserlichen Regierung genossen habe.

Ebenso wie man einen rechtschaffenen Arbeiter
oder Künstler an seinem *Werkzeug* erkennt, muß ein
verständiger und fleißiger Gärtner sich damit versehen. Die nötigsten Stücke sind: Grabeisen oder
Grabscheit – damit er die Erde umbrechen, umwer-
fen und Beete und Felder umgraben kann –, eine
Grabschaufel – die Steige zu machen und von Un-
kraut zu säubern, auch die Düngung damit auszutei-
len –, ferner muß er eine kleine Garten- und eine
starke Steckhaue mit einer hölzernen Krücke haben
– zum Erdreichauflockern und Ausgraben der ver-
dorrten Bäume –, ein Raupeneisen, um Raupen-
nester und Ungeziefer von Bäumen abzunehmen –,
ein Pfropfmesser – welches am Rücken stark und
dick sein muß –, eine Baumschere – um das unsau-
bere Holz von den Bäumen zu räumen –, ein Hackmesser – um allerhand Bäume und Äste zu behauen –, nicht weniger eine Heckenschere – um

Buchsbäume und Hecken zu beschneiden, ein Schroteisen – um mancherlei Wurzeln und Holz abzuklieben, einen eisernen oder hölzernen Rechen von 15 oder mehr Zacken – um umgeworfene Beete zu ebnen, ferner Meißel, Messer, Hammer, Leiter, Jäthacke, Meßschnur.

Ein Garten wird gemeinhin in drei Teile geteilt: Küchen- oder Kräutergarten, Blumen- oder Würzgarten, Baum- oder Lustgarten. *Nebst der Natur kann die Hand des Künstlers zur Gartenzierde vieles beitragen:* Lust und Zierde zugleich erwecken in den Gärten die proper aufgebauten *Lusthäuser*, die ebenso, wie sie bei greller Sonnenhitze dem Menschen ein Labsal und eine Kühlung sind, so auch dem ganzen Garten wegen der herrlichen Struktur und schönen Farben eine angenehme Zierde schaffen. Wenn gleich beim Eintritt in einen Garten ein schöner *Springbrunnen* – mit Najaden, Walfischen und Genien daran, nebst mancherlei kuriosen Wassersprüngen – sich sehen und etwa gleichzeitig ein Orgel- oder Flötenwerk sich hören ließe, so würde es ohne Verwunderungen bei den Ankommenden nicht abgehen. Wenn nun das *Portal* und der Springbrunnen seine Richtigkeit haben, könnten neben dem Brunnen so breit wie möglich beiderseits *Pyramiden* zu stehen kommen, auf deren einem Gipfel eine *Sonnenuhr* und auf dem anderen eine *Schlaguhr* die Stunde anzeigt.

Soll dir dein *Blumenfeld* voll frischer Blumen stehen, die an Vortrefflichkeit der Farben gleichsam leben, mußt du auf folgendes genaue Achtung geben,
– so wird es zweifelsfrei nach deinem Wunsch

ergehen –:

die Blumen pflanze stets bei Neumond-Schein,
und weil sein helles Licht sich wachsend zeiget.
Doch, wenn das volle Licht sich zu dem Fallen
                                        neiget,
muß auch dein Blumenfeld mit Saat bestreuet sein!

Die *Aloe* ist gleichsam die Königin und der Heer-
führer unter den Pflanzen und Blumen. Die *Bären-
öhrlein* – lateinisch auriculae ursi – haben überaus
delikate Blumen von sehr lieblichem und angeneh-
mem Geruch und stellen sich alsbald im Frühling
ein. Flos Cardinalis Barbarini – oder auf deutsch
Kardinalsblume – ist eine überaus schöne, hochrote
Blume, wie sie auch der beste Maler nicht schöner
abschildern und abbilden könnte. Das *Eisenhütlein*
floriert weiß und blau. Daß die *Rose* dem Geruch
nach eine von den alleranmutigsten und lieblichsten
sei, gilt als ausgemacht, weshalb sie auch in den
prächtigsten Lust- und Blumengärten angetroffen
und gefunden wird. Wie aber nichts auf der Welt so
schön und prächtig ist, als daß es nicht seine Feinde
hätte, so ist es auch mit dem schönsten und prächtigsten Blumenwerk beschaffen. Da findet sich allerhand schädliches *Ungeziefer*, das manchmal – besonders wenn man ihm nicht wehrt – in kurzer Zeit
die schönsten Blumen dermaßen verdirbt, daß man
sie fast nicht mehr erkennt. Dergleichen sind Raupen, Schnecken, Würmer, Erdflöhe, Käfer, Erdma-
den, Ameisen, Mäuse und Maulwürfe.

Wenn ein Garten *mit Kalk gedüngt* worden ist, so
werden nur alte Leute davon reich, weil er alle
Kräfte auf einmal verspendet und durch allzu
schnelle Fruchtbarkeit ihm allen Überfluß gibt.

Es ist eine *Kunst, die Gewächse entweder früher oder vollständiger hervorzubringen*: man nimmt dicke, fette, schwarze Erde, füllt damit einen großen und weiten Tontopf in der Höhe eines Daumens, tut in denselben einen gewissen, in Branntwein oder starken Essig etwa 24 Stunden eingeweichten Samen, woraus *innerhalb 4 Stunden* das verlangte Gewächs darin hervorkommen wird, daß man es *ausreißen und zum Essen bereiten* kann.

Ferner ist zu schaffen, daß *in einer Stunde Bohnen oder Erbsen wachsen,* wenn man diese 9 Tage in heißes Öl legt und darauf dörrt und danach in die Erde steckt. Wenn man in einer Stunde wieder hinkommt, so wird man sehen, daß sie herausgewachsen sind. So kann man auch *Petersilie in 4 Stunden* wachsen lassen, wenn nämlich der Samen in süße Milch eingeweicht und danach auf die Stelle, wo man säen will, wo zuvor ungelöschter und kleingeriebener Kalk eingebracht wurde, dreimal gelegt wird.

Ein Gärtner soll die Gewächse, die sich nicht zusammen schicken, auch nicht zusammenzwingen, sondern auf die Sympathie und Antipathie derselben wohl achthaben.

Auch gibt es Gewächse, die nicht gut wachsen und fortkommen können, es sei denn, daß man beides Geschlechtes – Männlein und Weiblein – nebeneinanderpflanzt, wodurch verborgene natürliche Wirkungen geschehen, wie zum Beispiel bei Palm- oder Ölbaum, Pfirsich, Quitte, Feige, Lorbeer, Zypresse, Wacholder, Hanf oder Beifuß.

Die Feindschaft besteht in Gleichheiten oder Widerwärtigkeiten der Partikel, die von einem Gewächs gegen ein anderes ausgeduftet werden. Und ich lache immer, wenn man von der Sympathie der

Mäuse, Fische und Katzen redet, denn ich weiß, daß die Mäuse und Fische kühler, die Katzen aber hitziger Natur sind, so daß das Feuer immer in ihnen tobt und schnurrt oder – wie man's nennt – spinnt und die Funken oder hitzigen Ausdüftungen an dem Widerstrich des Rückens bei Nacht deutlich zu sehen ist. Somit ist leicht zu ersehen, woher die Lust, Mäuse und Fische zu essen, kommt und daß die zwei unschuldigen Wörtlein Sympathie und Antipathie nichts dafür können.

Die Sympathie und Antipathie ist nicht allein bei den Gewächsen, sondern auch bei anderen sowohl lebendigen als leblosen Dingen anzutreffen. Ein Beispiel geben uns der Wolf und das Schaf. Unter ihnen ist eine solche natürliche Feindschaft, daß – wenn man aus ihren Häuten Trommeln und aus ihren Gedärmen Saiten für Musikinstrumente macht – selbige nimmermehr zusammenstimmen.

Besonders soll man vor dem Aussäen allen großen und harten Samen einweichen. Dabei soll man nicht außer acht lassen, daß *kein Same unter der Sonne so klein* sei, *der nicht ein verborgenes Herzlein habe*, aus welchem erstlich die Wurzel – deren Amt es ist, Nahrung zu holen – unter sich dringt, Stengel und Kraut aber über sich treibt.

Die *Gurken* lieben das Wasser so sehr, daß sie – wenn man ihnen ein Gefäß voll Wasser vorsetzt – sehr lang werden; im Gegensatz dazu fliehen sie das Öl über alle Maßen, solange sie ihre wachstümliche Seele haben, und – wenn man sie damit beschmiert und bestreicht –, so ziehen sie sich zusammen, verschrumpfen und verdorren. In der Schüssel aber wissen sie sich gar wohl mit dem Öl zu stellen.

So sind auch ferner einige *Gewächse* etlichen *Tie-*

ren dermaßen *zuwider*, daß sie dieselben nicht vertragen oder leiden können. So können zum Beispiel die *Maulwürfe* den Geruch von *Kampfer, Zwiebel und Knoblauch* nicht riechen. Ferner können die Mäuse durch Bohnenblätter in ihren Gängen verjagt werden. Weil bei uns oft Mangel an der nötigen Wärme ist, die die ausländischen Bäume und Gewächse nötig haben, so sind deshalb kuriose Gartenliebhaber – vielleicht durch die Wirkung der Brenngläser – auf den Gedanken gekommen, ob man nicht die Wärme der Sonne zum Nutzen dieser ausländischen Gartenzierde mit Hilfe eines *Glashauses* vermehren könne. Ein solches Glashaus ist auch gleichzeitig ein richtiges Lazarett, denn durch dasselbe kann manche Krankheit an Gewächsen und Bäumen kuriert werden, besonders im Winter.

VON DER VIEHZUCHT UND TIERHALTUNG

Es ist eine offenbare und ausgemachte Sache, daß diejenigen, die durch Gottes Segen ihren Verstand darauf richten, auf dem Land bequem zu leben und bald reich zu werden, sich die Viehzucht als eines der zulänglichsten Mittel anbefohlen sein lassen müssen. Ohne sie würden sie wahrlich sich am Ende in ihrer Hofhaltung erbärmlich betrogen finden.

Deswegen ist es kein Wunder, wenn die Alten den Nutzen und Gewinn, den sie aus der Viehzucht sich bald zu machen wußten, so hoch gehalten haben, daß sie – sobald man angefangen hat, mit Geld zu handeln und zu bezahlen – die Stücke Silber oder Gold mit dem Kopf irgendeines Tieres bezeichnet

und ihnen nachmals den Namen ‹pecunia› gegeben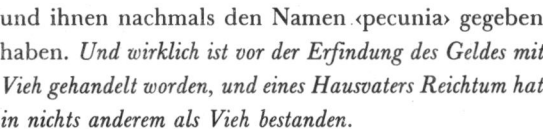
haben. *Und wirklich ist vor der Erfindung des Geldes mit
Vieh gehandelt worden, und eines Hausvaters Reichtum hat*
in nichts anderem als Vieh bestanden.

Nun ist zwar nicht zu leugnen, daß unsere Vorfahren vom Acker- und Feldbau – den sie das beste Gewerbe und den Erdwucher nannten – ein solches
Gewese und Geschrei gemacht haben, daß deshalb
auch einige von den Nachkommen ihn der Viehzucht vorziehen. Allein sie haben darin ein bißlein
zuviel getan. Wir haben uns von einem Tier zu
schreiben vorgenommen, das seinem Ursprung nach
für das edelste, an Verrichtungen das munterste, an
Glücksfällen das verehrteste und werteste und dem
Nutzen nach das unentbehrlichste von anderen unvernünftigen Tieren gehalten wird, weil wir Menschen uns der *Pferde* in allerhand Notdurft und Bequemlichkeit, zu Lust und Ernst, zu Pracht und
Hilfe, zu Freud und Streit – und folglich in den
hauptsächlichen Zufällen dieses Lebens – füglich zu
bedienen wissen. In Summa: *Es ist unter allen vierfüßigen kein mächtigeres, schöneres, aufgeweckteres, ernsteres,
getreueres noch tapfereres Tier als das Pferd.*

Wenn nun sowohl der Hengst als die Stute zur
Vermehrung ihres Geschlechts – nach Alter, Wartung
und Pflege – vorbereitet worden sind, läßt man sie
das Werk selbst angehen. Das pflegt auf zweierlei
Art zu geschehen: von der Hand und frei. *Von der
Hand* aus wird es genannt, wenn der Beschäler nicht
frei, sondern mit Halftern gezähmt, auf die Stute –
welche ebenfalls mit Stricken und Riemen gespannt
ist – unter des wilden Hirten oder Stutenmeisters
Anweisung und der Knechte Mithilfe förmlich

springen. Das *freie* Beschälen oder Einlaufen heißt es, wenn ein Hengst unter den Stuten so lange herumlaufen, sie belegen und ihnen beiwohnen darf, bis beide einander nicht mehr beachten.

Die *Kennzeichen, ob eine Stute geil oder rossig sei,* sind: daß sie übel frißt, mit aufgerecktem Kopf und wedelndem, starzendem Schweif umherläuft, öfter als sonst stallt, die klare Stimme sich in eine grobe verändert, am Geburtsglied geschwollen und wärmer ist als sonst, sich das gern betasten läßt, daß sie nach dem Hengst wiehert, wenn sie ihn schreien hört, auf ihn zuläuft und eine Feuchtigkeit hinter sich gehen läßt.

Die kuriose Welt will auch etliche Kunststücke erfunden haben, wodurch sie *das Geschlecht der künftigen Füllen* vorherbestimmen könnten. Herr Johann Friedrich Hörwart von Hohenburg meint: wenn beim Beschälen der Wind von Mitternacht her geht, soll es ein Fohlen geben, von Mittag her ein Schleichlein. Etliche wollen, daß man dem Beschäler den linken Hoden abbindet, damit es ein Fohlen wird, und den rechten für ein Schleichlein. Das soll bei allen vierfüßigen Tieren erprobt sein. Auch soll man Achtung geben, wenn der Hengst springt, auf welcher Seite er herabsteigt, rechts soll es ein Fohlen, links ein Schleichlein werden. Aber ich gebe dabei zu bedenken: weil die Stuten öfter als einmal besprungen werden und doch nur einmal empfangen, wer will dann wissen, von welchem Sprung sie empfangen haben und auf welches Absteigen des Hengstes man seine Berechnung gründen soll.

Die Zähne sind das sicherste Mittel, das eigentliche Alter der Pferde zu erkennen.

Es gibt nichts Gemeineres in der heutigen durch-
triebenen Welt, als die Einfältigen über den Tölpel
zu werfen und im Handel und Wandel bald hier,
bald da diesem und jenem armen Teufel eine Nase
zu drehen. Das nennt man dann das Lehrgeld zah-
len, und es soll dieses unchristliche Verfahren den
Betrogenen eine Aufmunterung sein zu größerem
Fleiß und zu einer sorgfältigeren Nachforschung
und Kenntnis der Sachlage. Deshalb hat sich ein
Hausvater wohl vorzusehen, damit er nicht ange-
führt wird.

Wer kann alle Kniffe des *Pferdebetrugs* aussspre-
chen! Es heißt von *Roßverkäuferlisten*:
Es sind der Künst' so viel wie Deutsche in den

Zechen,
wie Hasen in dem Busch, wie Prahler ohne Mut,
wie Huren ungedeckt, wie Junker ohne Gut,
soviel wie's Mohrenland hat Kokosnuß und Affen,
wie Läuse bei dem Krieg in alten Röcken schlafen,
wie Mücken in der Luft, am Hofe falsche Ehr',
wie Titel ohne Grund und sonstens nichtes mehr,
soviel wie Löcher sind in einem här'nen Siebe,
wie Schneider zu Paris, wie in der Mühle Diebe,
wie England gute Schaf', wie Schweden Steine trägt,
wie Fieken schwarze Flöh' mit beiden Daumen

schlägt,
soviel wie Härlein stehn auf dicken Zobelmützen,
wie Sperling' in der Luft, wie Frösch' in allen

Pfützen,
wie Köpfe ohne Hirn, wie Tropfen in dem Rhein,
wie Flüche bei dem Spiel, wie Narren bei dem Wein.

Ein *Mittel gegen den fressenden Wurm bei Pferden:* ‹Gehe zu einem Totengräber und laß dir von einem Totensarg geben, der ziemlich alt ist und worin eine 6-Wöchnerin, die in Kindsnöten gestorben ist, liegt. Verbrenne das Holz zu Pulver und streue es in die Löcher, die der Wurm gefressen hat; dann stirbt er.›

Nachbemerkung: Das mit der 6-Wöchnerin kommt etwas abergläubisch heraus. Daher läßt es nur bei einem gewöhnlichen alten Sarg bewenden.

Die Reitkunst ist eine über alle Maßen schöne, prächtige, liebreiche und den edlen und vortrefflichen Gemütern sehr beliebte Übung, *zur Gesundung des Leibes dienlich, dem Gemüt vergnüglich, großen Königen, Fürsten und Herren höchst nötig und jedermann angenehm.* Denn dadurch wird das Geblüt erwärmt, die natürliche Wärme erhalten, die Verdauung befördert, der Appetit erregt und die ganze Verfassung des Menschen gebessert, woraus dann eine beständigere Gesundheit, Freudigkeit und Tapferkeit des Gemüts, bessere Lust und Begierde zu allem Tun entspringt.

Die *beste und gemächlichste Positur des Reiters* wird sein – und wird auch in der Zuschauer Gesicht am allerzierlichsten sich zeigen –, wenn er anzusehen sein wird *wie ein wohlgeübter Schlittenfahrer,* der auf dem hinteren Sitz des Schlittens aufrecht, mit geschlossenen Ellenbogen und eingeknickten Knien halb sitzend, halb stehend sich präsentiert.

Obwohl der *Esel* eines von den verachtetsten Tieren ist, so daß man alle Scheltworte, die in vier Teilen der Welt üblich sind, mit den vier Buchstaben Esel zu begreifen pflegt, so ist es doch *ein geduldiges, arbeitsames und mit gar elender Behandlung vorlieb nehmen-*

des Tier. Ich meinesteils wollte den Esel darum nicht verachten, weil unser Heiland darauf in Jerusalem einzuziehen ihn gewürdigt hat.

Unter allen Arten der *Maultiere* behält den ersten Rang die gemeinere und doch edlere, die von einem Esel und einer Stute fällt.

Da alle fleischlichen Vermischungen mit unterschiedlichen Arten Gott dem Herrn ein Greuel sind, ist den Israeliten verboten worden, daß sie ihr Vieh mit allerlei Tier zu schaffen haben lassen. Woraus zu schließen ist, um wieviel mehr es dem Allerhöchsten mißfallen muß, wenn vernünftige Menschen sich *wider die Natur vermischen* und entweder Mann mit Mann, Weib mit Weib oder auch eines von diesen mit einem unvernünftigen Tier zu schaffen hat, welche abscheuliche Untat das *Laster der Sodomie* – von den Sodomiten, die deswegen mit Feuer vom Erdboden vertilgt worden sind – genannt und als eine himmelschreiende Sünde mit dem Tode gebüßt wird.

So nützlich wie ein *Schäflein* ist, so zart und weich ist es auch, so daß bei übler Wartung, ungesunder Weide, vielem Saufen, Genuß des Honigtaus, rauhen und schädlichen Winden bald da, bald dort eine Krankheit eintreten kann. Von den nutzbaren Tieren sind ganz ohne Streit die Schafe von den vornehmsten. Besonders bei den *Rindern* ist es wahr, daß es viele Anstöße und Verdrießlichkeiten gibt, die zwar oft für natürlich angesehen werden, in der Tat aber rechte *Zauberkrankheiten* sind, die von dem Teufel und seinem Anhang, den Hexen und Unholden, ihren Ursprung entlehnen. Denn es ist ja unleugbar, daß entweder der Satan durch die von der Luft aufsteigenden Dämpfe, durch allerlei Kräuter und Gewächse, die er schon vorher schädlich weiß oder schädlich machen kann, das unvernünftige Vieh zu bezaubern, zu vergiften, ja sogar zu töten weiß oder doch solches durch sein Hofgesinde – die Hexen und Unholde – verrichten läßt.

Nicht alle solche Krankheiten sind durch natürliche Mittel zu kurieren, nichtsdestoweniger helfen Kräuter und natürliche Dinge in etlichen Fällen. Nachfolgende Mittel wider die Hexerei können doch wohl nicht ohne Verletzung des Gewissens gebraucht werden: man soll das Vieh, das bezaubert ist, lebendig aufhauen, das Herz herausnehmen, von Eschenholz einen Spieß machen, ihn durch das Herz stechen und es in den Rauch oder über das Feuer hängen, dann soll der Zauberin Herz so geängstigt und gequält werden, daß sie kommen muß, ihre Schuld zu bekennen und um Verzeihung zu bitten.

Im übrigen: wollte jemand etwas Rechtes wegen der *Milchraubung* von mir haben, so verwiese ich ihn auf nachfolgendes Mittel: er gieße die bezauberte Milch – alles, was die Kuh auf einmal gegeben hat – in einen Schweinetrog und schlage und peitsche mit stachligen Hagedornen darauf, solange was darin ist.

Den *Schweinen* schlägt die Eichelmast im Walde gut zu.

Die *Enten* wollen stets Wasser haben.

Die *Gänse* werden – so albern, dumm und einfältig sie sind – sowohl in weitläufigen wie geringen Haushaltungen gern gehalten. Die Gänseeier sind schwerer zu verdauen als die Hühnereier und werden deswegen gern dem Gesinde zum Verspeisen

vorgesetzt. Zum Unterlegen wählt man die Eier, die
von großen Gänsen gefallen sind. Die beste Zeit soll
sein, wenn Südwind weht.

Der vornehmste Nutzen, der von den Hühnern zu er-
warten ist, sind die Eier.

Zur *Ausbrütung der Küken* werden diejenigen Hühner angesetzt, die viel glucksen, sich in der Streu
oder sonstwo Nester machen oder Eier gelegt haben.
Denn das sind Anzeichen, daß sie brüten wollen.
Man soll ihnen aber keine unnützen faulen Wind-
eier unterlegen, aus denen nichts werden kann, sondern vielmehr schöne große Eier, die in wachsenden
Monden gelegt worden sind. Die alten Herren Philosophen waren der Meinung, daß das Hühnlein aus
dem Dotter wachse und daß aus dem Blättlein oder
Blutströpflein oben an der Spitze des Eies das Herz,
aus dem Weißen oder Eierklar aber die Härlein oder
Federlein werden. Aber es finden sich bei dieser An-
sicht zu viele Schwierigkeiten, und es scheint weit
glaubhafter, daß das Hühnlein aus dem Eidotter
und Weißen seine Nahrung hat, als daß es daraus
formiert würde. Denn man findet, daß in das Eidotter gewisse Nabeladern hineingehen und daß noch
viel vom Dotter übrig ist, wenn das Hühnlein schon
gebildet ist. Zudem, wenn man Hühnlein, zwei oder
drei Tage bevor sie herauskriechen, genau beschaut,
so wird sich zeigen, daß der Dotter durch den Nabel
oder durch die Nabelgänge gegen den Magen hineingezogen wird, weshalb auch in einem neu ausge-
krochenen Hühnlein der Magen gelb gefärbt und
der Bauch voller Dotter ist. Und ebenso steht es
auch mit dem Weißen. Denn weil auch zu ihm ein
Nabelgang geht und nach geschehener Formung des

Hühnleins und erlangter völliger Gestalt noch viel von dem Weißen übrigbleibt, so möchte es keine so üble Mutmaßung sein, daß es nur zu seiner Nahrung dient. Es bleibt also übrig, daß das Hühnlein aus dem sogenannten Vogel im Ei werde, welcher Meinung auch die Erfahrung entspricht.

Ein allgemeiner Hausvater hat sich zu merken, daß die gemeinen Hühner fast durchgehend in drei Wochen fallen. *Wenn sie aber anklopfen und die Schalen zu zerbrechen zu schwach sind, muß man ihnen mit aller Behutsamkeit helfen.*

Zur *Aufzucht* hat man Fischreusen oder eigene Hühnerkörbe, die oben klein und eng sind, unten aber eine Öffnung haben. Die setzt man in den Hof oder auf die am Haus gelegene Wiese und läßt tagsüber bei schönem Wetter den Hühnlein ihre Freude. Sie spazieren gar artig mit ihrer Mutter herum, schlüpfen in den Hühnerkorb hinein und heraus und wissen sich gar hurtig darunter zurückzuziehen und zu flüchten, sobald die Mutter wegen eines Raubvogels warnt.

Den Vorzug unter allen Eiern haben die Herren Mediziner den Hühnereiern einhellig zugesprochen.

Der Kepp oder *Kapaun* ist ein verschnittener Hahn und wird wegen seines delikaten Fleisches und dessen guter und nahrhafter Kraft für eines der besten Erzeugnisse der Hühnerzucht gehalten. Die Römer brannten die Hähne mit glühenden Eisen. *Bei uns schneiden ihnen einige bloß Kamm und Bart ab, allein das möchte eher Verstümmeln als Kastrieren genannt werden.* Wer die Hähne recht kappen will, muß ihnen vor allem die Gallen nehmen. Manche Weiber verstehen sich trefflich darauf, und wenn sie zu Ende des Bauchs ihren Schnitt getan haben, so wissen sie mit ihren zarten Fingern die Hödlein in einem Huy! herauszunehmen. Den Schnitt oder die Wunden heftet man fleißig wieder zu, doch muß man darauf achten, daß man vom Gedärm nichts erwischt. Man schmiert ihn mit Butter oder bestreut ihn mit Asche.

Die Fruchtbarkeit der Tauben ist würdig, daß man sich darüber verwundere. Denn innerhalb von 40 Tagen verrichten sie alles, was fruchtbares Meiergeflügel verrichten soll. Sie begatten sich in der Zeit, legen Eier, brüten sie aus und schaffen Junge in den Kobel. Über dem Brüten sitzen sie 20 Tage, und das Artigste daran ist die Umwechslung, die sie halten. Denn das Paar, das sich zusammengehalten und begattet hat, wechselt einander in der Arbeit ab.

Von Hunden und Katzen

Die Lust und Notwendigkeit haben die meisten Hausväter dazu gebracht, daß sie auf ihren Gütern und in ihren Häusern den Hunden einen Platz gönnen. Manche suchen nichts anderes als ein bloßes Ergötzen, und diese behelfen sich mit *Polster- oder Schoßhündlein,* unter denen die aus Bologna als die artigsten gelten. Sie sind *klein, subtil, zart und taugen bloß zur Lust des Frauenzimmers und der Kinder,* die mit ihnen spielen und so die Zeit vertreiben, oder aber sie vergnügen sich damit, daß sie einen wohlgebildeten Hund neben sich laufen haben, auf den die Umstehenden die Augen zu werfen pflegen. Zum Jagen muß der Hausvater *Jagdhunde* und für Schäfereien *Schafhunde* haben. Im übrigen mag ein Hausvater sein und heißen, wie er will, wenn er auf dem Land lebt, so soll er einen *Haushund* haben, den andere einen Wachhund oder Wächter nennen. Dieser soll vor allen Dingen *munter und wachsam* sein, daneben aber *von schwarzer Farbe, damit er bei Tage dem herumschweifenden liederlichen Gesindel desto erschrecklicher und abscheulicher vorkomme und bei Nacht im Dunkeln von niemandem erkannt noch gesehen werden möge.* Er muß eine helle und starke Stimme haben oder ein mittelmäßig fürchterliches Bellen. Denn ist sein Geschrei gar zu abscheulich, so wird er dem Hausgesinde und den jungen Kindern nachts wenig Freude und schlechtes Vergnügen damit bringen, indem er sie entweder aus dem Schlaf aufweckt oder heftig erschreckt. Ist es hingegen gar zu lieblich und gelind, so werden die Diebe nachts eine schlechte Furcht vor ihm haben. Sonst soll er *groß und vierschrötig* sein, *mit schwarzen und feurigen Augen, breiter, zottiger Brust, starken Vorderläufen, großem weiten Schlund* und vollen starken Zähnen, gegen alles Fremde unfreundlich, besonders nachts, hingegen aber desto sittsamer und freundlicher gegen die Hausgenossen und das zum Haus gehörige Vieh, das er weder scheuen, beißen noch anfallen, sondern sicher passieren lassen soll.

Den Engländern muß man in der *Abrichtung* der Haushunde unbestritten die Ehre lassen, daß sie es mit einigen so weit gebracht haben, daß sie dem Dieb nacheilen und ihn aufzuspüren wissen, auch wenn er schon einen großen Vorsprung hat, und – wie Herr Baron von Rosenrot erzählt – gibt es einige, die den Dieb, obgleich er zu Schiff gegangen ist, im Wasser nachfolgen und so lange hinterherschwimmen, bis sie an das Schiff kommen, von den Schiffern hineingezogen werden und den Dieb unter allen anderen herausfinden und anfallen. *Mit der Speise soll man den Haushund so versehen, daß er sich nicht über Hunger zu beschweren hat.*

Katzen lieben die Gesellschaft des Menschen und wissen alle Liebesbezeugungen mit Streichen, Stutzen u. a. gar artig zu vergelten. Man hält sie deswegen gern, *damit die schädlichen Mäuse und Ratten in den Häusern und Ställen nicht überhandnehmen.* Wenn des Nachts die Mäuse aus ihren Löchern gehen, so schleichen die Katzen ihnen mit großer Vorsicht nach und wissen ihre Krallen und Klauen gar meisterlich einzuziehen, damit sie auf dem Boden kein Geräusch oder Geklapper machen, bis es Zeit ist, den herummiauenden Mäusen und Ratten den Fang zu geben.

Sie sind überaus hitziger Natur, so daß auch ihr Fett für das wärmste und durchdringlichste gehalten wird. Ihre Haare sind ungesund, und einige meinen, daß sie Schwindsucht verursachen. Ihr Atem ist schädlich, so daß er des ganzen Leibes natürliche Feuchtigkeiten verringern und verzehren soll. Das mag auch die Ursache sein, weshalb sie bei den kleinen und jungen Kindern nicht gern in den Betten geduldet werden. *Es ist eine Sache der guten Fürsorge, wenn man den lieben Kinderlein andere Schlafgesellen verschafft.*

Sie lieben die Sauberkeit und Wärme und haben die *böse Gewohnheit* an sich, *nachts in die Öfen zu kriechen,* wo es leicht geschehen kann, daß von den übriggebliebenen und unter der Asche verborgen liegenden Kohlen Feuer an ihnen klebenbleibt, und – weil sie gern damit auf Böden, wo Heu und Stroh liegt, zu laufen pflegen – so können sie leicht ein

— großes Unglück anrichten. Deshalb soll man die
Öfenlöcher gut verwahren.

Im übrigen ist das Beschwerlichste mit ihnen, daß
sie hin und wieder *herumstreichen* und mehr auf Äk-
kern und Feldern als in ihres Herrn Behausung liegen. Diesem Vagieren vorzubeugen, soll man ihnen
die Ohren verschneiden, dann werden sie – wenn
ihnen Wasser oder Regentropfen in die offenen Ohren gefallen sind – leichter daran gewöhnt werden,
zu Hause zu bleiben.

*Das Schmalz von einem verschnittenen Kater oder besser
von einer wilden Katze ist ein bewährtes Mittel wider die
Fallsucht und Kolik.* Ist der Patient männlichen Geschlechts, so muß das Fett von einem Kater, ist er
weiblichen Geschlechts, muß es von einer Katze genommen werden. *Der Kot dient wider das Haarausfallen
und wider die Zipperleinschmerzen.* Der *Kopf* – besonders von einer über und über schwarzen Katze – taugt
wider die Gebrechen der Augen, wenn man ihn zu Pulver
verbrennt und täglich dreimal in die Augen bläst.

*Katzenhirn aber ist nicht unbillig verschrien, weil es die
Mägde zu ihren Liebesträngen brauchen und weil es die
Vernunft raubt und toll macht.*

Wer eine Freude mit den Katzen haben will, der
werfe ihnen *Baldrian* vor. Dann sieht er, wie possier-
lich sie dahin springen, es bald über sich in die
Höhe werfen, selbst in die Höhe springen, es hinter
sich auf den Rücken werfen, die Füße über sich legen, den Baldrian küssen, sich darauf wälzen und
reihum einen richtigen Tanz aufführen.

*Wenn der Kater umgebracht wird, so verwirft die Katze,
die von ihm trächtig ist.*

Die Augäpfel der Katze ahmen den Lauf der

Sonne nach: in der Morgendämmerung sind sie
weit, um Mittag ziehen sie sich zu einem Kreis, am
Abend werden sie stumpf. In der Nacht wird das
mittlere Teil erleuchtet.

VON DEN PLAISIERERWECKENDEN VÖGELN

Einigen *Kanarienvögeln* kann man viel eher etwas
beibringen als anderen. Einige lassen sich schon mit
zwei Monaten, andere erst mit einem halben Jahr
hören. Was die *Arien* anlangt, muß man ihnen nur
ein schönes Präludium und eine wohlgesetzte Arie
vorgeben. Denn wenn man ihn mehr lehren wollte,
verwechselt er es, kann oft kein Stück richtig, und
sein kleines Gedächtnis ist so überhäuft, daß er
nicht weiß, was er singt. Einige bilden sich ein, je öfter sie ihm alle Tage vorpfeifen, desto eher lernt er,
aber solche Leute machen sich und ihrem Kanarien-
vogel viel Verdruß. Es reichen 5 oder 6 Lektionen
am Tag. Jedesmal muß man die Arie 9 oder 10mal
wiederholen und immer von Anfang bis Ende spielen. Je reiner und delikater ihr Lehrmeister ihnen
vorspielt, desto galanter singen sie demselben nach,
nach dem alten Sprichwort: *Wie die Alten sungen, so
zwitschern die Jungen.*

VON DEN BIENEN

Die Bienen sind – dem Ort und Aufenthalt nach –
entweder *zahm oder wild.* Unter jenem Namen werden
alle Bienen genommen, die bei einem Haus oder vor
oder hinter demselben oder in einem Garten sich
aufhalten oder behalten lassen. Die wilden Bienen,

die ihre Quartiere in den Wildnissen und Wäldern aufschlagen und daher von den Bären so oft besucht werden, sind in den ungeheuren Wäldern in Estland, Polen und Moskau wohl bekannt. *Diese machen sich ohne menschliche Hilfe und Anweisung in den Felsen, Höhlen, hohlen Bäumen Werkstätte und Wohnung.* Sie sind auch in einem Stock *ihren Ämtern und Würden nach unterschieden*: Da ist der Weisel und der *König*, den seine Gestalt und das königliche Ansehen bald allen zu erkennen gibt. Denn der König ist von den anderen gemeinen Bienen – oder Untertanen – an Länge und Größe ausgezeichnet. Er ist fast goldfarben, zuweilen schlägt er – wie manche auf der Münze aussehen – kupferfarbig aus. Er hat schwarze Flecke am Leib, an der Stirn aber ein weißes Bläslein. Der Bauch ist vorn breit und dick, hinten etwas zulaufend. Wie alle Bienen mit *Stacheln* versehen sind – wenn sie ihn nicht verlieren oder steckenlassen –, so hat er keinen oder braucht ihn wenigstens nicht. Das ist ein Zeichen seiner Gütigkeit, die Monarchen an sich haben sollen. Er ist *auch der Residenz nach von anderen zu unterscheiden*, denn bisweilen wohnt er oben, bisweilen mitten im Stock. Aus dem Quartier heraus hat er gewisse Löchlein, die durch alle Fladen gehen, damit er überall alles, was man macht, nachschleichen und nachsehen kann. Andere Bienen sind *Trompeter*, die zu Kriegszeiten lärmen und im Frieden sowohl morgens als abends zum Aus- und Abzug blasen. Es fehlen auch die *Quartiermeister* nicht, die durch ihren Vorausflug die Weide erkunden. Es gibt auch *Totengräber* unter ihnen, die die Leichen durch das Flitterloch tragen. Und was der Ämter mehr sind.

Nun wollen wir die Seidenwürmer ansehen, wie sie
in der Mitte ihrer Hüttlein sich aufhalten, Ekel am
Essen gehabt haben und am Rand herumgeschweift
sind. Die meisten sind gelb – entweder über und
über – oder nur hinten auf dem Rücken, woraus
man sehen kann, von welcher Farbe ihre Seide werden soll. So werden denn die Spinner zusammenge-
lesen, das Zimmer ist angenehm geräuchert, der Rei-
sig ist gestellt, damit der Unrat durchfallen kann,
der Leib der Würmer hat sich gereinigt, und die
Tierlein haben eben angefangen, den ersten Faden
zu ziehen. Nach all diesem geht es nun erst richtig
los: ihre erste Arbeit ist, daß sie gleichsam das Gröb-
ste ihres Gespinstes oder das Werk und die groben
verwirrten Fäden machen, an deren Dauerhaftigkeit
ihre Eilein hernach hängen sollen. Darauf folgt des
Bälgleins engere Zusammenwindung. Indem der
Wurm die Fäden bald in einem Kreis, bald nach
vorn vor sich, bald rückwärts zieht, entsteht ein ei-
förmiges Bälglein oder Beutelein, das den ganzen
Wurm bedeckt und unsichtbar macht. Indessen sind
doch etliche darunter, die das Spinnwerk nicht so
weit bringen, sondern – entweder aus allzu begierigem
und übereiltem Spinnen oder aus Verlust der natürlichen Kräfte – aufhören und sterben. Die Fäden
ziehen sie aus dem Mund, und – indem sie den Leib
hin- und herbewegen – hängen sie die Fäden bald
hier, bald dort an. Ja, mit den Vorderfüßen legen sie
es an, eben wie es etliche Raupen gibt, die sich aus-
höhlen und wie die Spinnen ihr Gewebe aufführen.
Von diesen Eilein ist bald eines hellgrün, bald eines

zitronengelb, wieder eines weiß. Oft sind sie inwendig weiß und außen grün. Innerhalb von zwei oder drei Tagen werden die Eilein fertig und bewegen sich innen nicht und rauschen auch nicht wie vorher.

Der Seidenwurm ist ein kriechendes Tier, das vermittels aus sich selbst nach Art der Spinnen gezogener Fäden ein Gespinst macht, das hernach abgehaspelt zu Seidenzwirn wird, woraus man zarte Gewebe – Seidenstoffe genannt – macht.

Seidene Worte gehören zur Beschreibung der Seidenwürmer, die in Deutschland besser gezogen werden sollten. Ich möchte diesen, dem Ansehen nach so verachteten Insekten oder zerkerbten Tierlein eine Beredsamkeit wünschen, die ihrem Gespinste an Zartheit, ihrer Zucht an Artigkeit und ihrer Farbe an Reinlichkeit gleichen würde. *Ich werde mit meiner Schreibart samt den Seidenwürmern bisweilen im Niederen auf dem Papier herumkriechen, aber doch auch bei Gelegenheit auf die Maulbeerbäume wichtiger Gedanken steigen* und sowohl für die Würmer als meinen Stil zuträgliche Nahrung abbrechen. Alles soll darauf gerichtet sein, dem allgemeinen Hausvater zu erklären, wie er diese Waisen und reich machenden armen Würmer verpflegen soll. Aristoteles stellt sich die Seidenwürmer so vor, daß sie daher wüchsen, daß die Erde durch die vom Platzregen herabgestürzten Blüten der Zypressen, Eschen- und Eichenbäume belebt würde. Erst sollen sie bloße, nackte Raupen sein, dann – weil sie Kälte nicht vertragen können – zottig werden und sich gegen die Kälte dicke Pelze machen.

Vom Jagen und Weidwerk

Es steht fest, daß *keine tapfere und ritterlichere Übung auf der Welt zu ersinnen noch auszudenken* ist, die den Leib fähiger und den Mut zum Kriege couragierter macht als dieses fürst-adlige Landplaisier. So daß in Hinsicht auf Stärke und Tapferkeit die wilde Jagd- und Weidlust nicht nur den heldenmütigen Prinzen und hohen Standespersonen zu empfehlen ist, sondern auch würdig ist, daß sie durchgehend von allen genereusen und martialischen Gemütern mit unermüdetem Fleiß erlernt und bis zur erlangten Vollkommenheit auf das eifrigste exerziert und getrieben werden sollte.

Die Klügsten unter den alten Heiden haben die Erfindung der Hundehatz und Jägerei dem Apoll und der Diana zugeschrieben, auch es für das vortrefflichste Gnadengeschenk der Götter gehalten, womit sie vormals nur die illustren Personen bedacht haben. Plato hat dergleichen jagdbare Helden und weidmäßige Ritter so vergöttert, daß er sie Divinos und Sacros – also Göttliche oder Heilige – nannte. Wir – aus Gottes geoffenbartem Wort eines Besseren unterrichtet – werten als erleuchtete Christen die Jagdbarkeit als *das urälteste Geschenk und allererste Gewalt, womit der Allerhöchste den ersten Menschen Adam* zuerst begnadigt und *gleichsam als obersten Lehnsherr als seinen Vasallen eingesetzt und belehnt* hat, indem er ihm gleich nach der Erschaffung der Welt neben den zahmen auch die wilden Tiere untertan und unterwürfig gemacht hat.

Belangend eines Weidmanns und Jägers *Ausstaffierung und Rüstung*, so tut er wohl, wenn er sich eine solche Mode in der Kleidung wählt, die ihm fein commod und bequem ist und ihn weder zu Pferd noch zu Fuß in seiner Arbeit hindert. Die grüne Farbe ist ihm mehr zu empfehlen als die braune, graue oder aschfarbene, weil diese das Wild zu leicht bemerkt und sich auch mächtiger davor scheut. Gegen Regen, Schnee und Wind mag er eine Jagdkappe über sein Antlitz ziehen und darauf einen grünen Hut mit einer großen breiten Stulpe setzen. In der einen Hand soll er einen scharfen Schweinespieß, in der anderen aber die Hunde führen und leiten. An den Füßen wird es ihm ersprießlich fallen, wenn er mit starken und weiten Schuhen versehen ist, die wenigstens bis an die halben Waden mit Ringen links und rechts geschnürt sind. Wenn jemals das allbekannte Sprichwort wahr ist, daß Art nicht von Art lasse und ein Rabe keinen Distelfink zeuge, so trifft es bei der *Zucht junger Wölfe und Jagdhunde* zu. Darum, wer eine gute Art sich erziehen und anschaffen will, der sehe sich vor allem nach einem guten Hund und einer wohlgestalteten Hündin um. *Ist der Vater zu vieljährig, so gibt es gewiß einen ganz schläfrigen und faulen Wurf,* während mit einem eineinhalbjährigen Hund frische, hurtige und schnellläufige Wölfe gezeugt werden können. *Vornehmlich aber hat man auf die erste Belegung* bei einer Hündin *achtzugeben, weil alle nachfolgenden Würfe mit anderen Hunden dem ersten Beleger als Großvater nachschlagen.*

Die Jagdhunde sind niemals ihres Lebens weniger versichert als bei der *Verfolgung wilder Schweine,* denn diese suchen nicht die Sicherheit durch Geschwindigkeit in der Flucht – wie das andere Wild –, sondern leisten tapferen Widerstand, setzen sich halsstarrig zur Gegenwehr und erweisen sich in der Tat als Henker und Mörder der armen Bauernköter.

Deshalb soll man keineswegs die guten Hunde und abgerichteten Windspiele mit zur Schweinshatz nehmen, sondern nur die stärksten Bauernrüden und gewöhnlichen Köter, an denen nicht viel gelegen ist, ob sie das Leben verlieren oder nicht. Desgleichen schadet es ihnen nicht, wenn sie schon bisweilen zwei bis drei untödliche und ausgeheilte Wunden bekommen haben, denn dadurch lernen sie das böse Kraut kennen und begreifen dabei, wie sie mit einem wilden Schwein umgehen müssen.

Wie mancher Krieger an den Wunden,
so stirbt auch mancher an den Hunden
aus Tapferkeit zur Schweinshatzzeit.
Je größer Herz und Mut,
desto böser Schmerz und Wut!

Die allergrößte Kurzweil aber gibt es, wenn solche Bache eine Pfütze oder morastige Lehmgrube erblickt, denn da begibt sie sich unverweilterdinge hinein, bespritzt und besudelt Menschen und Hunde dergestalt, daß sie vor Kot ganz schwarz und braun aussehen. Wenn nun die Bache ganz und gar mit Hunden behängt ist, kann jemand von den Weidleuten und Jägern hinzureiten und der Bache mit dem Eisen den tödlichen Fang versetzen, damit ihr Sehen, Hören und Empfinden vergeht. Geht nun der Jäger zu Pferd wieder auf das Schwein los, so wird das Schwein noch öfter gegen ihn erbittert angehen. Man sieht dabei mit größter Lust, wie nicht der Jäger das Schwein, sondern dieses den Jäger so jagt, daß er zuweilen seinen Hut im Stich läßt. Begibt sich jetzt das Schwein an seinen vorigen Standort,

so braucht der Jäger eine besondere Geschicklichkeit, den Hut wieder abzuholen und aufzunehmen.
Endlich lasse man zwei bis drei gute, mit Jacken
und Panzern wohl versehene Hunde auf das Schwein
anmarschieren, so wird es vollends das beste Vergnügen geben. *Wer Schweinsköpfe essen will, muß der
Hundeköpfe nicht achten.*

Fügt es sich endlich, daß die Hunde des *Hasen*
Meister werden und ihn auf der Flucht ergreifen, so
soll man sie zwar – wie billig – ihren Raub genießen
lassen, sie aber anhalten, ihrem Herrn die Hasen un-
zerstückelt in seine Küche zu jagen. Deshalb wird
eine lustige Au ausersehen, den erbeuteten Hasen
auf das grüne Gras niederzulegen, das Horn anzu-
stoßen und durch den Schall die Hunde zusammen-
zurufen. Wenn sie alle sich rings um den Hasen befinden und ihr erbärmliches Totengeheul über den
ermordeten Merten Langohr anstimmen, und es
sollte sich der eine oder andere gelüsten lassen,
während des Lamentos den Hasen zu probieren,
so soll man sofort mit der Hetzpeitsche oder einer
schlanken Spitzrute hinter solchem Totenberauben
herwischen. Die übrigen aber sollen um so größeren Respekt bei solchem ansehnlichen Leichenkon-
dukt bezeugen und sich des Hasen enthalten. Man
soll sie liebkosen, streicheln, ihnen den ermordeten
Meister zeigen und sagen: ‹Sieh da, sieh da, das Häs-
lein ist gestreckt.›

Der *Wolf* ist ein Tier, das graue Haare hat, mit
schwarz vermischt und weißlich am Bauch, einen
großen molligen Kopf mit starkem und langem Ge-
biß, kurze und aufrechte Ohren. Im übrigen ist er
ein begieriges, reißendes, grimmiges und blutgieriges, Men-

schen und Vieh schädliches Tier, das lange hungern kann, danach aber desto mehr frißt. Im Sommer behilft er sich im Wald mit dem Wild und anderen Tieren. Die reißt er danieder und frißt sie. Im Winter aber läuft er auch zu den Dörfern und kommt zu den Leuten in die Höfe und reißt da nieder und trägt hinweg, was er bekommen kann. Ja, er schont im Winter der Menschen nicht, wie man es leider des öfteren erfahren hat.

VOM KOCHEN UND DER KÜCHENARBEIT

Ehe und bevor eine verständige und fleißige Hausmutter, die vornehmlich in einer weitläufigen Haushaltung lebt, ihre Küche bestellt, muß sie sich mit einem, wenn nicht mehreren *Speisegewölben* versehen und hierzu einen solchen Ort wählen, der weder zu naß noch zu feucht, weder zu hoch noch zu niedrig, aber mehr kühl als warm ist.

Wir erwähnen hier mit Fleiß die Hausmutter – und somit ein Weib –, um die Männer hiervon auszuschließen, denen das Kochen im Haus nicht ansteht will. Zwar stimmt es, daß manchmal auch die Mannsbilder wenn nicht besser, dann doch ebensogut damit umzugehen wissen, besonders in den Klöstern und an großer Herren Höfen, wo es viel zu kochen gibt und wo sie wegen ihrer Stärke und daher Hurtigkeit und Geschicklichkeit viel angenehmer als die allerbesten Köchinnen sind. Allein: *in einer gemeinen Haushaltung steht es dem Weib und nicht dem Manne zu, für das Kochen zu sorgen.*

Gänse werden entweder erwürgt oder durch die Ohren gestochen, daß das Blut herausläuft, worauf man sie bei den Füßen aufhängt, damit das Blut alles in den Hals sickert und die Gans schön weiß bleibt. Sie wird dann trocken gerupft und ihr der Hals samt den Flügeln und Füßen weggehauen. Darauf wird sie aufgeschnitten und ihr das Herz samt der Leber, dem Magen und den Gedärmen herausgenommen, die Gans selbst aber in ein sauberes Wasser gelegt, worin sie eine Weile bleiben muß, bevor sie gebraten wird.

Die *Schildkröten* werden folgendermaßen zubereitet: man haut ihnen zuvörderst den Kopf und die Füße ab. Weil sie aber selbige unter dem Schild verbergen, so legt man ihnen eine glühende Kohle auf den Rücken, damit sie der Hitze zu entfliehen suchen und Kopf samt Füßen herausstrecken, worauf man ihnen geschwind den Kopf mit dem Messer hinweghauen muß, wonach man die Füße leicht bekommen kann. Wenn dieses verrichtet ist, siedet man sie in einer kurzen Brühe, nimmt sie heraus, löst die Schalen ab und tut das Eingeweide heraus. Man muß aber subtil damit umgehen, da es viel Galle in sich hat, damit die nicht zerdrückt wird.

Letztlich werden auch die *Frösche* folgendermaßen zubereitet: man zieht das Fell ab, behält die Hinterbeine samt etwas vom Rücken zum Verspeisen, wirft das andere weg. Den Hintern richtet man zu, indem er erst gut gewaschen, dann in einer Fleischbrühe gesotten, und dann wird eine Brühe von Karpfenschweiß oder auch von Beeren darübergefüllt.

Unter den Schwämmen oder *Pilzen* – deren Genuß nicht allzu gesund ist – gibt es auch giftige Gattungen, die – wenn sie genossen werden – zuweilen eine Lebensgefahr nach sich ziehen. Ein Exempel erzählt Paulus Zachius von zwei Eheleuten, die, nachdem sie zu Tisch Schwämme gegessen hatten, alle beide zugleich unversehens darüber gestorben sind. Vor alten Zeiten waren sie die delikatesten Speisen der Kaiser. Daher hat man den Kaiser Claudius – der zugleich ein guter Poet war – nicht besser aus dem Weg zu räumen gewußt, als daß man ihm einen großen Pfifferling, den er so gern aß, vergiftete. Nachdem er ihn nun bei sich hatte und die Wirkung des Gifts spürte, fing er gleich diesen Vers zu deklamieren an:

‹Boleri leti causa fuere mei –
Daß ich jetzt mit dem Tode ring',
das machst du, schlimmer Pfifferling!›

Rechtsanmerkung: Von den Personen, die zum Kochen gebraucht werden, ist zu wissen: wenn sie sich unterstanden haben, die Speisen zu vergiften und das abscheuliche Laster der Vergiftung begangen haben, haben sie ohne Zweifel die Todesstrafe verdient. Nach der Peinlichen Hals-Gerichts-Ordnung Karls V. wird ein Mann mit dem Rad, das Weib aber durch Ertränkung oder auf andere Weise hingerichtet.

Man findet unter 10 000 Menschen keinen, der das *Brot* entbehren wollte. Stellt euch eine Gasterei vor mit kostbaren Speisen prächtig, mit allerhand Früchten lieblich, mit Musik und Tanz erfreulich und einer pompösen Vorstellung des herrlichen Freudenlebens des reichen Schlemmers ohne Brot! Was würde der Gäste Magen dazu sagen? Eben das, was jener Überwinder zu seinem Überwundenen – der ihn herrlich bewirtete, aber kein Brot vorsetzte – sagte: Was soll mir diese Pracht ohne Brot? Er bekam zur Antwort: Daraus könnt ihr sehen, wie barbarisch man verfährt, wenn man – wie eure Soldaten es getan haben – das Korn auf den Feldern verbrennt.

Die gewöhnliche Materie, woraus wir Brot bakken, ist das Mehl. Daher werden die Feldfrüchte – wie Weizen, Roggen, Gerste – durch den Müller zu Mehl gemahlen. Aus solchem Mehl wird dann mit warmem Wasser und Sauerteig ein Teig angemacht und Brot daraus gebacken. Das gesundeste und zum täglichen Gebrauch günstigste ist das aus *Roggen*mehl. Auf Gastereien, Hochzeiten, Festtagen und Ehrenmahlen wird meist zartes weißes Semmelbrot von Weizenmehl aufgetragen.

Zum Erhitzen des Backofens ist das beste Holz das von Buchen. Danach zieht man die Asche und das bröckelige Kohlen- und Sandzeug mit einer Ofenkrücke heraus. Und damit der Herd richtig sauber wird, so wird ein alter Hadern oder Wischlappen in reines Wasser getaucht, naß um eine Stange gewunden und damit der Ofen und dessen Boden, wo das Brot liegen und backen soll, saubergewischt. Sobald alles Brot im Ofen ist, wird er verschlossen. Ist das Brot aus dem Ofen und noch warm, so wird es glänzend und frisch, auch braun, wenn man es mit einer Feder oder einem Borstenpinsel – in eine Schlüssel voll warmem Wasser getaucht· – bestreicht. Man muß aber vorher ein wenig Schmalz im Wasser zerschleichen lassen, wenn der erstgemeldete Effekt erfolgen soll.

So gewiß nun das Brot das nötigste in einem Haus ist, so fleißig soll ein Hausvater auf die Bereitung und Verspeisung Achtung haben. Der gesunde *Wein* soll in einem reinen Kristallglas ganz lauter und glänzend aussehen, beim Einschenken aber im Glas rauschen und mit vielen kleinen Atomen über sich springen, so daß die artigen Geisterlein – wenn man bald darauf trinkt – einem noch nach der Nase pfopfern.

Man kann jedem Wein, wenn er noch neu ist, zu einer artigen Lieblichkeit und gesunden Annehmlichkeit verhelfen, wenn man liebliche, süße und gesunde Sachen darin vergären läßt. Allein, *es gehört ein diskretes Urteil und eine niedliche Zunge dazu, wenn man dem Wein das mit Kunst zusetzen will, was ihm von Natur abgeht.*

Johannes Damaskus sagt, daß sich durch den Wein die Verdrießlichkeiten und Beschwerlichkeiten ebenso vertreiben lassen wie Nebel durch die Winde. Auch Homer hat schon verstanden, daß die Götter den Wein gemacht haben, damit die armseligen Menschen ein Mittel haben, die traurigen Grillen zu vertreiben. Was ist das anderes, als im 104. Psalm steht: ‹Der Wein ist erschaffen, daß er des Menschen Herz erfreue.› Und es hat mir neulich in einer Oper die Arie sehr gefallen:

‹Ohne Reben
ist das Leben
blaß und tot.
Fleisch, Haut, Beine
sind beim Weine
frisch und rot.›

Der Wein bleibt des Lebens Öl, der treue Ratgeber, der Sorgentöter, der Erhalter der Alten, der Begeisterer der Jugend.

Unter den Gesundtränken und niedlichen Einsuppungen verdient wohl die erste Stelle der *Branntwein.* Obgleich man wegen des großen Mißbrauchs gute Ursache hätte, ihn zu verbieten, so muß man doch gestehen, daß dessen mäßige Einnahme eine der besten Arzneien für alte, flüssige und undäuende Mägen ist.

Das nützlichste und verbreitetste Getränk in den mitternächtlichen Ländern bleibt ohne Streit das *Bier*, durch das der Mangel an Weinbau reichlich ersetzt und vergolten wird. Obschon wahr ist, daß von dem Wein dem Leib die Nahrung etwas eher gegeben wird, so kann man wiederum nicht leugnen, daß diese von dem guten Bier häufiger und stärker ist, auch wenn man sich von Wasser und Hopfen wenig Nahrung versprechen kann. Weil es aber in Gesellschaft der übrigen Früchte gebraucht wird, so wird dem Bier auch deren Kraft und Wirkung mitgeteilt. Daher mag es kommen, daß die Leute in mitternächtlichen Ländern von dauerhafterer Natur und stärkeren Gliedmaßen sind als dort, wo man ohne Bier mit Wein seine Leber anfeuchten und befriedigen muß.

Biere sind öfter wie Himmel und Erde voneinander unterschieden. Je schöner und klarer ein Bier in der Farbe ist, für desto lieblicher und angenehmer wird es gehalten.

Derjenige Trank, der früher schon in Afrika gebräuchlich war, ist nun in Europa und sogar in Deutschland allgemein geworden, weil unser Vaterland alles nachzuäffen – oder sich zunutze zu machen, wie man's eben nimmt – trachtet.

Obwohl man nun immer gehofft hat, es würden Tee und *Kaffee* einander die Schuhe austreten, so bleiben doch bisher noch immer die Engländer, Franzosen und Deutschen bei beiderlei, dem Tee und Kaffee, und meistens muß der liebe Tabak aus Amerika auch noch dazukommen. Aller guten Dinge sind drei. Es gibt aber eine Bohne, die wächst im glückseligen Arabia, in den weiten Feldern gegen Morgen, ungepflanzt. Da wird sie gesammelt und da- und dorthin gebracht, vielfach mit Karawanen von der Wallfahrt aus Mekka. Sie wächst an einem Baum, dessen Blätter stets grün sind. Die Araber machen ein Getränk daraus, das nennen sie Coava, dessen sich vor vielen Zeiten schon die Ägypter bedient haben. Diese Bohne dörren und braten sie, machen ein Pulver daraus und ziehen mit siedendheißem Wasser eine schwarze Tinktur aus, machen's mit wenig Zucker süß und trinken's.

Das Bohnenmehl – oder Brosamlein – ist vor Verrauchung und Ausdünstungen zu schützen. Der Trank selbst ist *nützlich bei Katarrhen, die sich auf die Brust legen, bei Hinterhaltung des Monatsflusses und Harns, Aufwallung des Geblüts und Schwachheit der Kräfte.* Allein, es gibt auch viel wackere und in der Medizin berufene Leute, die nicht soviel davon halten. Herr Olearius meint, daß junge Weiber eine Kollekte bei allen Heiligen wider den Gebrauch des Kaffeetranks ablegen lassen sollten, weil ihre *Männer* dadurch für sie gar *zu ruhig im Bett* und als niedergeschlagene Venusritter ohne Kampf daliegen. Eine persische Ehefrau hätte ihre Bekümmernis darüber so wenig bei sich behalten, daß sie einmal – als sie ein Pferd niederwerfen und wallachen sah – diese Bemühung und das grausame Verfahren als vergebens verlachte und riet, man sollte dem Hengst nur so viel Kaffee geben wie ihrem Gemahl, so würde ihm der Mutwille schon vergehen. Wir haben

keinen Mangel an schlechten Kräutlein in Deutschland, die ebensoviel wie Tee und Kaffee tun. Nur ist
es unsere Neugierigkeit, die gern viel Geld unnötig
ausgibt. Mittel, *die bei und um uns wachsen, passen am*
besten zu unserer Natur, weil sie einerlei Luft und
Klima haben. Wer doch nur verstünde, wie gut das
ist, was wir besitzen!

Die Japaner vermischen das *Teekraut,* das sie auf
dem Serpentinstein zerpulvern, mit warmem Wasser, die Chinesen hingegen kochen das Kraut selbst
mit etwas Salz und Zucker in einem Likör. Wir mögen viel von den Edelsteinen und anderen Kostbarkeiten halten, die Chinesen aber achten dieses Kraut
viel höher, weil es der Grund sein soll, daß man in
diesen Ländern weder vom Hände- noch Fußzipper-
lein, noch von Steinschmerzen weiß.

Schokolade – Coccolata, Succolata, Chucalate o. ä.
– ist ein Trank, der in den gen Sonnenuntergang liegenden Ländern das gilt, was uns das Bier ist. Er
wird bereitet aus einer Frucht des Baumes Cacaoata
quahvitl. Diese Frucht gleicht den Mandeln und ist
dunkelgelb. Aus Guatemala wird sie häufig nach
Spanien gebracht. Amerika schickt uns die beste
Schokolade. Aus dieser Frucht preßt man den Saft
und tut ein wenig Zimt und Pfeffer dazu. In Amerika wird sie an etlichen Orten nur aus dem Teig der
Kokosnüsse gemacht.

Die Engländer nehmen Milch und Wasser – von
jedem ein halbes Achtel –, zerklopfen darin ein Eidotter, daran tun sie zwei Lot zerriebene und klein-
geschabte Chocolata. Alles dieses wird bei mildem
Feuer gesotten, so daß es ein wenig aufwallt. Hierauf
wird es vom Feuer genommen, mit einigen Löffeln

voll spanischem Wein noch kräftiger gemacht. *Ich weiß viele junge Weiber, die ihren alten Männern dieses Getränk oder Geschleck abends doch gar zu gern geben, um ihr Leben zu verlängern – wie sie sagen.*

VON DEN TEILEN DES MENSCHLICHEN LEIBES UND VON KRANKHEITEN

Da dem Hausvater auch die Sorge um seine und seines Gesindes Gesundheit obliegt, so ist hierin Unterrichtung nötig. *Dieweil ein jedweder Mensch, sobald er nur auf die Welt geboren wird, einen Leib mitbringt, in dem der Samen zu allerlei Krankheiten verborgen liegt, so ist's leicht geschehen, daß solche Samen –* wenn äußerliche Ursachen dazukommen, die ihn aufwecken und rege machen – *in eine Krankheit ausbrechen.* Wozu Speise und Trank samt allem, was der Mensch zu seiner Natur und Unterhaltung zu sich nimmt, viel beiträgt. Denn weil die Erde und alles, was darauf ist, um des Menschen willen mit dem *Fluch* getroffen worden ist, so steckt in allen Dingen, die der Mensch zur Nahrung zu sich nimmt, neben dem, was seiner Natur gemäß ist, auch allezeit etwas, was schädlich ist.

Der *Leib* des Menschen wird in die Bäuche und Gliedmaßen geteilt. Als *Bäuche* werden hier verstanden große Höhlen des Leibes, in denen unterschiedliche Eingeweide verborgen liegen. Solcher Bäuche sind drei: der Unterbauch, die Brust und das Haupt. Im *Unterbauch* liegen die Leber, Magen samt den Gedärmen und andere Teile, die zur Ernährung des Leibes erforderlich sind, desgleichen die Gebärmutter und übrigen Teile, die zu des menschlichen Geschlechts Fortpflanzung nötig sind. In der *Brust* liegen Herz und Lunge, die zur Erhaltung des Lebens das meiste beitragen, im *Haupt* das Hirn, worin die Sinne und die Bewegungen ihren Ursprung nehmen.

Zu den *männlichen Geburtsgliedern* gehören erstens die zubereitenden oder vielmehr zuführenden Samengefäße, die 1. Blut- und 2. Pulsadern sind. Die Blutadern werden vorher in viele kleine Ästlein zerteilt und vielfältig durcheinander verwickelt, und weil sie gleich den Gäblein an den Weinreben gekrümmt sind, werden sie weinrebenförmige Gefäße genannt. Die Geburtsgeilen (testiculi), deren zwei sind, hängen herab außer dem Schmerbauch. Ihre Gestalt ist länglich rund oder eierförmig, und sie bestehen aus unzählbaren Gefäßen, die von sehr kleinen Drüslein, die an den Pulsadern hängen, entspringen und im obliegenden Hoden enden. Sie sind gar artig übereinandergewickelt und -gerollt, so daß man anfänglich meint, sie wären bloß Fasern oder Zäserlein. Damit aber diese Gefäße oder kleinen Gänglein zusammengehalten werden, sind die Geburtsgeilen mit zwei Häutlein umgeben, deren innere das weiße genannt wird, das äußere aber das Scheidenhäutlein oder das rote Häutlein, weil es einige rote Fasern von dem Aufziehmäuschen oder -muskel überkommen hat. Das männliche Glied (penis) ist umgeben mit der Haut und dem Fleischfell, das mit Fett nicht überschossen ist, damit die Bewegung desselben, welche nach den Kräften der Einbildung und Antrieb der Natur sehr wunderbar ist, keineswegs gesäumt oder auch die Wollust im Beischlaf verhindert würde. Das Glied ist zusammengesetzt aus zwei spannädrigen Rinnen, der Harnröhre

und der Eichel. Diese spannädrigen Teile sind länglich und dick und mit einem weichen Wesen – wie
mit einem Mark – angefüllt. Dieses Mark scheint
schwärzlich, wie ein Netz, mit vielen Blut- und Pulsadern durchwebt, damit der Lebensgeist mit dem
Geblüt hineinfließen und das Glied vergrößern oder
steifmachen kann. Diese bisher aufgezählten Teile
sind teils zu des Samens Zubereitung, teils zu dessen
Ausleerung den Mannsbildern von der Natur beigegeben worden. Denn nachdem die subtilen Geister
samt dem Geblüt durch die Samenpulsadern zu den
Geilen geführt worden sind, werden selbige allda
mit Hilfe der kleinen Drüslein in die kleinen Gänglein – aus welchen die Geilen und obliegenden Hoden bestehen – abgesondert und – indem sie durch
deren krumme Abwege gehen – werden sie nach
und nach subtiler gemacht, bis sie endlich in die abführenden Gefäße und Samenbläslein kommen, wo
sie als Samen bis zum Beischlaf aufbewahrt werden.
Da werden sie dann durch der abführenden Gefäße
und Samenbläslein Zusammendrückung – welche
durch die Seelengeister, die zu dieser Zeit kraft der
starken Einbildung heftiger einfließen – durch das
männliche Glied ausgeworfen, welches gleichzeitig
steif wird, weil die Lebensgeister in die spannädrigen
Röhren einfließen, damit es desto besser in den
weiblichen Schoß dringen möge und den Samen in
dessen Acker ausbreiten. *Weil aber der Samen sehr
flüchtig ist und aus puren Geistern besteht, so wird ihm –*
indem er durch die Harnröhre geht – aus dem drü-
senhaften Vorsteher eine *Feuchtigkeit zugesellt*, welche
verhindert, daß er sich wegen seiner Flüchtigkeit
nicht eher zerteilt, bis er an die Gebärmutter und

die anhangenden Teile gelangt. Was dort seine Verrichtung ist, werden wir in den nun folgenden Abschnitten sehen.

Die Gebärmutter ist den Weibspersonen beigegeben worden, damit die Frucht darin Aufenthalt haben möge, bis sie die äußerliche Luft vertragen kann. Denn nachdem der männliche Samen wegen seines geistreichen und flüchtigen Wesens durch die Gebärmutter und deren Trompeten bis zum Eierstock gedrungen ist und sich allda mit dem einen oder anderen Eierlein vermengt, bringt er die darin enthaltenen Teile in Bewegung, der sie unter sich beraubt waren und durch die sie ausgedehnt werden. Wodurch das Eilein, welches nunmehr wegen Ausdehnung der darin enthaltenen Teile größer zu werden beginnt und das Häutlein, das den Eierstock umfaßt, so lang ausdehnt, bis es sich voneinander begibt und dem Eilein einen Ausgang läßt, so daß es bald von den Trompeten aufgenommen wird, die es nach und nach der Gebärmutter überbringen.

Die *Brüste, die meistens bei dem weiblichen Geschlecht zu betrachten* sind, stehen in der Mitte des Brustbeins auf beiden Brustmäusen. *Die Größe der Brüste ist nach Beschaffenheit des Alters veränderlich: bei jungen Kindern sind selbige gar klein, bei jungen Töchtern stehen die Wärzlein gleich frischen Erdbeeren hervor, bei mannbaren Jungfern aber sind sie keck wie schöne Äpfel anzusehen, bei alten Weibern hängen sie herab wie Flaschen, bei Schwangeren und Säugenden werden sie gar groß*, weil sie mit Milch überfüllt sind.

Die Brüste sind aus vielen kleinen Drüslein – von denen kleine Röhrlein bis zum Wärzlein ausgestreckt werden – zusammengesetzt, damit durch selbige nicht allein die Milch von dem Geblüt abgesondert, sondern auch ausgeleert werden kann.

Das *Haupt* des Menschen wird in den haarigen und in den glatten Teil eingeteilt. Der haarige begreift in sich das Vorhaupt, welches sich von der Stirn bis an die Kranznaht erstreckt und im Hinterhaupt am ersten Halswirbel endet. Zwischen dem Vorhaupt und Hinterhaupt ist der Wirbel, und an den Seiten zwischen den Ohren und Augen befinden sich die Schläfen.

Der allgemeinen *Leibesbedeckungen* werden vier gezählt: das Oberhäutlein, Haut, Fett und Fleischfell. *Das Oberhäutlein,* das als das allerdünnste des ganzen Leibes von außen zu sehen ist, *nimmt seinen Ursprung von der äußersten Hülle des eierförmigen Weibersamens.* Es ist an den Fußsohlen dick, in den Handballen sehr dünn, schützt nicht nur die Haut, sondern mäßigt die Sinnlichkeit des Anrührens und verhütet, daß die Haut nicht immerzu fließt, sonst würde der Mensch allezeit triefen und dürfte nichts und niemand anrühren.

Letztlich ist die Haut mit großen *Durchgängen* versehen, als da sind Mund, Nasenlöcher, Augen, Ohren, Scham und dergleichen, welche als Landstraße dem Leib nötige Nahrung zu- und den Überfluß und Unrat dagegen ab- und hinwegführen.

Die *Hohlader* steigt aus der Leber, durch welche sie gleich einem Baum ihre Wurzeln ausbreitet und wird in den niedergebogenen und aufsteigenden Ast geteilt.

Der *Magen,* der einer Sackpfeife gleicht, liegt unter dem Zwerchfell links und wird rechts an der Leber, links an der Milz festgemacht. Unten hängt das

Netz samt dem Rücken, auf dem er wie auf einem Kissen ruht.

Das Hirn ist eine Wohnung der Seele und eine Werkstatt der Seelengeister.

Diese bisher genannten Teile geben dem Leib die Sinne samt den Bewegungen, und zwar mit Hilfe der Seelengeister, die der Seele Dienstboten sind und das Band, welches Seele und Leib miteinander verbindet. Selbige aber sind die subtilsten Teile des Geblüts und werden in den Drüslein, aus welchem des Hirns und *des Hirnleins graues Wesen* besteht, von dem Geblüt abgesondert und nicht nur durch alle Teile des Hirns, sondern durch alle Nerven und deren Äste ausgebreitet, damit sie nicht nur allein die Teile nach dem Willen der Seele bewegen, sondern auch die Gestalten und Bilder – die den äußeren Sinnen eingeprägt worden sind – der Seele überbringen. Sie erkennt sie, urteilt über sie und behält sie, womit sie sie später wieder erinnert. So entsteht das Gedächtnis. *Das Hirnlein teilt seine Nerven meistens dem Herzen und anderen Teilen, die ihre Bewegungen wider unsern Willen verrichten, mit.*

Die *Augen* als Werkzeuge des Sehens bestehen aus vielfältigen und unterschiedlichen Teilen, nämlich Gefäßen, Mäusen, Häuten und Feuchtigkeiten. Die Verrichtung der Augen ist Sehen: Die Strahlen und Gestalt des vor Augen schwebenden Bildes kommen zu allen Seiten durch die Hornhaut, durchdringen die wäßrige Feuchtigkeit und werden in der kristallinen gesammelt. Indem sie aus dieser alle Fasern der netzförmigen Haut bestrahlen, zeigen sie das Bild an derselben Wänden. *Die Geister aber*, die allenthalben im Netz aufpassen, *nehmen die Gestalt in sich auf und überbringen sie durch die Gesichtsnerven dem Hirn, wo die Seele darüber urteilt, was sie gesehen hat.*

Die *Zähne*, die alle sehr harte Beine oder Knochen sind, stecken in ihren Grüblein im Kiefer und bekommen Puls-, Blut- und Spannadern, deren letztere in das dünne Beinhäutlein, das die Wurzel der Zähne inwendig bekleidet, gehen und den Zähnen die Empfindung mitteilen. An der Zahl sind bei den Weibern 14, bei Männern 15 oder 16 in jedem Kinnbacken. Sie werden unterschieden in *zerlegende oder Schaufelzähne, Hunds- oder Augenzähne und Witzzähne,* welche letztere so genannt werden, weil sie oft erst in männlichem Alter hervorkommen.

Zahnweh wird *verursacht* von scharfen und sauren Feuchtigkeiten wie auch *von den Würmern, indem sie das innere Häutlein der Zähne, das meistens aus Nerven besteht, benagen und auf unterschiedliche Weise zu verletzen suchen*; und weil die Seelengeister, welche zu solcher Zeit häufiger einfließen, zusammengezogen werden, wird das Fließwasser in seinem Lauf gehindert, wodurch die Geschwulste entstehen, welche gemeiniglich beim Zahnweh entstehen.

Hauptweh ist eine schmerzhafte Empfindung, welche aus unterschiedlichen Ursachen entsteht, die die empfindlichen Teile des Haupts durch ein allzugroßes Ausdehnen, Zusammendrücken, Nagen, Stechen und dergleichen zu verletzen suchen.

Schwindel ist ein Gebrechen, durch das der Mensch nicht allein meint, daß alles mit ihm in Kreisen und Wirbeln herumläuft, sondern er verliert auch dabei das Sehen und fällt zuweilen sogar zur Erde. Dies geschieht, indem die Seelengeister entweder wegen vieler grober Feuchtigkeit, die mit ihnen vermengt ist, oder wegen Verstopfung der Nerven nicht überall durchdringen können, sondern zurückweichen und dadurch in eine wirbelnde Bewegung geraten.

Schlafsucht, Lethargie, ist entweder nur eine stetige Neigung zu schlafen oder ein so harter Schlaf, daß auch – wenn man einen solchen Menschen schlägt und sticht – er es kaum fühlt und aufwacht. Und wenn er endlich mit großer Mühe munter gemacht ist, redet er doch nichts, und wenn er die Augen auch öffnet, so schließt er sie doch bald wieder.

Franzosensucht: Obgleich eine scheußliche Krankheit, werden heutigen Tags allzuviel angetroffen, die damit behaftet sind und sie für eine Galanterie halten. Die Ursache, die so viel schreckliches Übel entstehen läßt, ist ein giftiges und scharfes Ferment. Dieses dringt in den Leib, wenn jemand mit einer Person zu tun hat, die schon mit dieser Krankheit behaftet ist. Das kann dann um so eher geschehen, weil zur selben Zeit die Gänge in den Drüslein und anderen Teilen durch den starken Zufluß der Säfte weit geöffnet sind. *Es kann auch dieses Gift in dem Leib erzeugt werden, wenn man nämlich der Venus allzuviel Opfer bringt,* wodurch die subtilen und balsamischen Teile des Geblüts verzehrt werden, die groben hingegen übrigbleiben, und da vorher das Geblüt mit groben und scharfen Säften angefüllt war, kann es um so leichter eintreten.

Bei der *Kur* muß darauf geachtet werden, daß zuvörderst die vorhergehenden Ursachen abgetan werden, *daß man* nämlich *der Venus völlig absage und die Orte flieht, die sumpfig und morastig sind.*

Jungfrauenkrankheit oder Liebesfieber ist eine Krankheit, die die Jungfrauen und Witwen – desgleichen Weiber, die Männer haben, die das Liebesspiel selten treiben – überfällt und die angenehme rote Farbe in eine bleichgelbe oder grünliche – absonderlich im Angesicht – verwandelt. Um die Augen aber befindet sich ein rötlicher Ring. Zu diesem kommt ein Fieber, das zwar nicht viel gespürt wird, und eine Bangigkeit und endlich eine Verstopfung des Monatsflusses, was zwar nicht immer erfolgt.

Weil diese Krankheit *durch Unterlassung des Beischlafs* entsteht, so ist hier kein besseres Mittel anzutreffen, als daß sich die Weiber in dem Venusstreit tapfer üben, denn dadurch wird die samliche Feuchtigkeit aus dem Drüslein ausgeleert, so daß hernachmals die übrige Feuchtigkeit, die in das Geblüt zurückgeflossen ist, sich nach und nach in selbige begeben und das Geblüt – welches selbige bisher unrein gemacht hatte – wieder verlassen kann.

Daher geschieht es auch, daß die Jungfrauen, die aus dieser Ursache bleich geworden sind, die schönsten Weiber werden und durch diese ihre neue Schönheit den Männern ihre aufgewandte Mühe lohnen.

EINIGE BEWÄHRT GEFUNDENE ARZNEIMITTEL

Gegen die Würmer im Kopf: Nehmt ein wenig weißen Weihrauch und Knoblauch, stoßt jedes besonders, ein wenig Theriak, diese Teile sämtlich auf einen Löffel getan, macht mit Branntwein an, gebt's dem Kranken ein, doch so, daß er Mund und Nase zuhält, deckt ihn hierauf gut zu, daß er schwitzt. Solches tue man zeitig, ehe die Krankheit überhandnimmt. Die Einnahme muß bei Neumond geschehen, und es muß allemal eine Stunde gefastet werden.

Wer *blind* ist, dem mag man so helfen: nehmt Geiergalle, Hasengalle, rote Geißengalle, Fischgalle, Rabengalle, ein wenig Menschenkot und ein wenig Fischlein, die man Gründlinge heißt, rührt alles mit Wein untereinander und tröpfelt's mit einem Federlein in die Augen. So wird man mit Verwunderung wieder sehen.

Gegen das Hirnfließen: Wenn einem Menschen das Hirn fließt, so daß, wenn er geht, ihm der Kopf schwankt, als wenn Wasser darin wäre, der nehme Wein, Honig und Schmalz, lasse es miteinander zergehen und trinke es morgens nüchtern ganz warm.

Gegen den Frosch im Hals: Nehmt Gänsekot, drückt ihn durch ein Tüchlein, tut dazu weißen Hundekot, Honig und Alaun, rührt's untereinander, gießt weißes Rosenwasser dran, läßt's sieden, verschäumt's, daß ein Sälblein daraus wird, streicht's unter die Zunge, wischt's oft wieder hinweg und streicht's frisch auf. Es ist bewährt.

Gegen Warzen oder Hühneraugen soll man schwarze Schnecken nehmen und die Wärzel oder Hühneraugen wohl damit reiben, alsdann soll man die Schnecken an einen Dornstrauch stecken und so denselben Tag verdorren lassen. Ist bewährt.

Gegen die wütende Gicht legt dem Patienten lebendige Regenwürmer über, bis sie sterben. Das tut zwei- oder dreimal.

Wenn eine Natter oder Schlange in einen Menschen gekommen ist, dann gebt ihm Geißblut warm zu trinken, dann geht die Natter zum Mund heraus und schadet ihm weiter nicht. Tragt Natterwurz bei euch, so seid ihr sicher vor Nattern und allem Gift.

Gegen den Wolf am Bein nehmt einen ganzen Maulwurf, verbrennt ihn in einem irdenen, wohl verschlossenen Hafen, daß kein Dampf davonkann, stoßt ihn zu Pulver, sät das Pulver auf den Wolf am Bein. Es vertreibt ihn und ist bewährt.

Die monatliche Zeit der Weibspersonen zu befördern, nehmt Krebsaugen – 7 oder 9 je nach Größe –, ein Viertel oder Drittel von einer Muskatnuß – je nachdem wie groß sie ist –, eine halbe Zehe Kalmus und Zittwer und ein halbes Quentlein Kampfer, dieses alles stoßt zu Pulver oder reibt es klein, nehmt ein halbes Maß guten Wein, der nicht geschmiert ist, tut das Pulver hinein und trinkt dreimal täglich davon, morgens, mittags und nachts, nicht mehr als 2 oder 3 Löffel voll.

Wenn eine Frau unrein und erkaltet ist, nehmt ein frisches Bier, das erst vom Brauen kommt, ein gutes Maß Lorbeeren – soviel wie ihr mit zugetaner Hand halten könnt –, schält sie, schneidet sie zu Vierteln, legt sie ins Bier, deckt's zu, daß kein Geruch davongeht, setzt die Kanne in siedendes Wasser, läßt das Wasser und Bier sieden, solange wie man Eier kocht. Dieses Bier soll die Frau morgens und nachts trinken, bevor sie zu Bett geht, so warm sie's aushalten kann. Und sie soll's nicht achten, wenn es in ihr wirkt, oben und unten. Sie kriegt Wehen wie bei einem Kind. Das schadet ihr aber nicht. Sie wird bald gesund und schwanger danach.

Wenn eine Frau nicht gebären kann oder die Nachgeburt nicht von ihr will, schmiert ihr das Kreuz mit den Butzen aus den Hirschaugen ein.

ABBILDUNGEN
nach Kupferstichen von unbekannten Meistern
aus dem Originalwerk «Allgemeiner Klug-
und Rechts-verständiger Haus-Vatter / bestehend
In Neun Büchern /»
verlegt in Nürnberg/Frankfurt/Leipzig
bei Christoph Riegel im Jahre 1702.

TITELKUPFERSTICH
*Justitia mit Allegorien der Wissenschaften
und Gewerke*

*Das Ehepaar
empfängt
die Trauringe
aus dem Himmel*

Christliche
Pflichten
gegen Gott,
sich selbst
und Mitmenschen

*Von der Fürsorge
der treuen
Mutter für
ihre Töchter*

Von der Fürsorge
des treuen
Vaters für
seine Söhne

Blick auf
einen Meierhof

Der Hausvater
als Baumeister

*Wasserleitung
mit Wasserrad*

TAFEL 8

Zodiakus

Sternbeobachtung

*Landhaus
mit Garten*

*Unwetter
mit Blitz,
Sturm
und Regenbogen*

Pferdestall

Hühnerhof

Bienenstöcke

Jäger
mit Jagdhunden

Kochen und
Küchenarbeit

Brotbacken

TAFEL 18

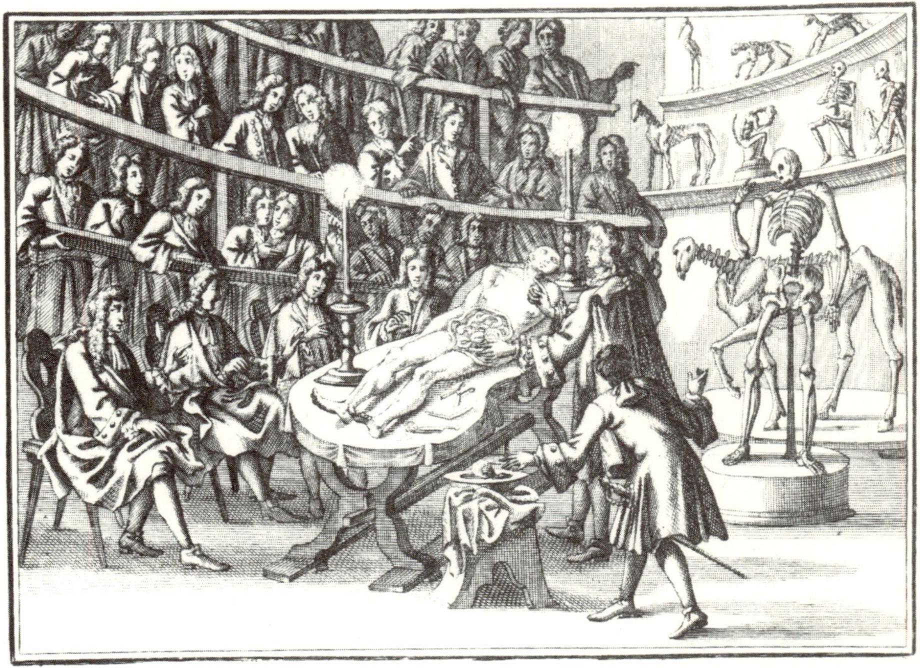

Anatomische
Vorführung

TAFEL 19

Der Hausvater
als Gelehrter
in seiner
Bibliothek

Eine ganze Flut von Haushalts- und Kochbüchern
überschwemmt heute die Frau, hilft ihr schalten und
walten, löst alle auftretenden Probleme. Ein Blick
auf die Inhaltsübersicht oder in die Schlagwortliste
– und schon hat sie die vertrauenerweckende Ge-
brauchsanweisung: «Man nehme ...» Und die Frau
weiß, dieser Stimme darf sie trauen, sie wird sie führen und leiten. Nichts kann mehr schiefgehen.

Wir haben uns daran gewöhnt und finden es ganz
normal. Aber – so muß im Zeitalter der Frauen-
emanzipation doch einmal gefragt werden – wer küm-
mert sich um den Mann? Wer nimmt ihn an die
Hand in all den kniffligen Lebenslagen? Wer hilft
ihm, ein Weib zu erkiesen, eine Hochzeit auszurü-
sten, einen Hausstand zu gründen, ein Haus zu
bauen, Kinder zu erziehen, Gärten und Äcker zu be-
stellen, Wein und Bier herzustellen, Tiere zu züchten oder zu erlegen und in gesunden wie kranken
Tagen stets das Rechte zu tun? – Keiner!

Auf einen väterlichen Freund, der ihm die tausenderlei Fragen zu beantworten wüßte, kann er kaum
hoffen. Abgesehen von der allgemeinen Hektik, die
Ausführlichkeit und gründliche Überlegung nicht
zuläßt, können soviel Auskünfte gar nicht aus *einem*
Hirn fließen. Eben deshalb gibt es ja Bücher. Bücher schon, aber eben nicht solche! Gut, es gibt Ehe-
bücher. Die aber wenden sich an beide, an Mann
und Frau und erörtern vor allem die intimen Bereiche der Zweisamkeit.

Schließlich aber möchte der Mann doch auch etwas für sich haben, ein Geheimfach, in dem ein Rat-

geber liegt, auf den Verlaß ist, der um alle Nöte weiß und dem ebenso blind zu vertrauen ist wie jener an Frauen gewandten Stimme.

Mit etwas Glück findet der suchende junge Mann vielleicht eine dünne Broschüre, die auf ihn gemünzt ist. Aber – ehrlich mal! – ist es nicht beschämend, mit welchen homöopathischen Dosen von Kenntnissen er da abgespeist wird? Wirklich, der heutige Mann kann einem leid tun! Früher – da war das ganz, ganz anders!

Früher, da galt der Mann noch etwas. Da formierte sich zu seiner Hülf und Erbauung eine eigene Literaturgattung: die Hausväterbücher. Da speiste man ihn nicht mit dünnen, billigen Heftchen ab, nein, kein Buch konnte dick und teuer genug sein zu seinem Dienste. Tausende von Seiten waren solche Bücher dick, so daß die Drucker und Schriftsetzer die Übersicht verloren und sich verzählten. Und prunkvoll waren solche Werke, in Pergament oder Leder gebunden, mit Goldprägung auf dem Einband, großformatig und gewichtig. Und drinnen geschmückt mit Initialen, Vignetten und Kupferstichen – richtig liebevoll ausgestattet. Und schöne Titel gab man ihnen in Latein und Deutsch. Zum Beispiel: «Haus- und Feldschule», «Ökonomischer Wegweiser», «Vollständiges Haus-, Kunst- und Wunderbuch», «Schauplätze des allgemeinen Haushaltens» oder – noch schöner: – «Vollständiger Haushalter oder fleißiges Herrenauge».

Muß da nicht der heutige Hausvater vor Neid erblassen!? Muß ihm nicht das Auge feucht werden, daß es solches einst gab und heute nicht mehr!

Ein Trost aber bleibt: ein Teil dieser Bücher hat

die Fährnisse der letzten Jahrhunderte überlebt. Es gibt sie noch, mehr oder minder vergilbt und verstaubt in den Magazinen großer Bibliotheken. Nein, das soll kein Geheimtip sein! Nicht gleich losrennen! Diese wenigen erhaltenen Expemplare reichen bestimmt nicht aus, den zweifellos großen Bedarf zu befriedigen. Selbst wenn sie staffettenartig pausenlos von Hand zu Hand gereicht würden, nicht. Ach, und wie abgegriffen und unansehnlich wären sie dann bald!

Sie neu drucken? Auch das hat seine Probleme. Kostenprobleme, Papierprobleme und Zeitprobleme. Für Hersteller wie Verbraucher. Die Summe, die der Wißbegierige hinblättern müßte, wäre horrende. In der modernen Schrankwand würde das Buch wie ein Riese unter Zwergen wirken. Und – man darf es nicht verschweigen – es gäbe auch beträchtliche Schwierigkeiten bei der Konsumption: Zunächst ist da die schnörkelige Schrift, dann der nicht weniger schnörkelige Satzbau, wobei die langen Schachtelsätze zu weiterer Erschwernis auch noch durch Schrägstriche zerstückelt werden, schließlich sind viele Worte ganz aus dem Sprachgebrauch gekommen oder haben ihre Bedeutung gewandelt. Ja und dann diese Orthographie! Da machte doch glatt jeder, was er wollte! Also: Neudruck kann die Lösung nicht sein. Soviel Schweiß und Mühe und Zeitaufwand ist dem heutigen Leser kaum zuzumuten.

Neue Wege mußten gesucht und gefunden werden. Wir hoffen, sie gefunden zu haben, indem wir das dickste und schwerste Werk seiner Gattung auf die erbauliche Quintessenz reduziert und gewissermaßen neuinszeniert haben. Es handelt sich um des

Franciscus Philippus Florinus

«Oeconomus prudens et legalis. Oder

Allgemeiner Klug- und Rechts-verständiger Haus-
Vatter», erschienen 1702 in Nürnberg, Frankfurt und
Leipzig bei Christoph Riegel.

Ein zweiter Band ähnlichen Umfangs für Adel
und Herrenstand kam 1719 heraus.

Vor allem die 2406 Seiten des ersten Bandes wurden als eine Art Erzgrube behandelt. Was in etwa einen mineralischen Glanz hatte, wurde gefördert, ans
Licht gebracht und ausgeschmolzen. Was nicht
heißt, daß alles unnütz wäre, was in der Abraum-
halde landete. (Wer praktische Anleitungen über
Ackerbau und Viehzucht oder Einzelheiten über
Bautechnisches sucht, möge das Original befragen.)

Kürzung tat not. In jeder Hinsicht. Denn auch
der unermüdlich emsige Florinus kriecht nicht nur
in seiner Schreibart mit den Seidenraupen in den
Niederungen des Papiers herum, um sich gelegent-
lich auf die Maulbeerbäume hoher Gedanken zu begeben, nein, zuweilen verirrt er sich auch im Ge-
strüpp und verheddert sich ein bißchen im eigenen
Gespinst.

Auf den Kern reduziert, ist das Weltbild, das hier
gezeichnet wird, aber dennoch klar und einleuch-
tend, geradezu unanfechtbar:

Der eigentliche Mensch ist der Mann, persönlich
von Gottvater aus Erde geformt und mit Atem belebt. Die Frau wurde gewissermaßen als Plagiat aus
des ersten Mannes Rippe gebildet. Nun ergibt sich
die Frage, ob die Frau trotzdem den Menschen zuge-
rechnet werden kann. Denkt man großzügig darüber
– wie unser Florinus –, so kann man sagen, wir zäh-

len sie dazu, in Anbetracht der Tatsache, daß in der Folgezeit alle Männer aus dem Leib von Frauen geboren wurden.

Ordnung heißt Unterordnung. Die Unterordnung der Frau unter den Mann ist naturgegeben. Aus einem Teil von ihm gefertigt, ist sie ihm hörig und zugehörig, empfängt von ihm alles Licht, wie der Mond sein Licht von der Sonne empfängt. Die Kinder darf sie gebären – wenn auch mit Schmerzen wegen Evas Verfehlung im Paradies. Die Züchtigung und Unterweisung der Knaben aber obliegt dem Hausvater. Weiß man doch, daß die zarte, aber ungeordnete Liebe, die den meisten Müttern anklebt, merklichen Schaden tun kann.

Die Sozietät oder Gesellschaft im Haus entspricht einem Leib mit Gliedern. Der Hausvater ist das Haupt, Frau, Kinder und Angestellte entsprechen Armen und Beinen, Händen und Füßen. Füße können niemals über dem Haupt stehen wollen. Man kann die Familie auch mit einem Staatswesen im kleinen vergleichen. Was auch naturgegeben ist, wie das Beispiel des absolutistischen Bienenstaats lehrt.

Aus der exponierten Stellung des Hausvaters folgt, daß er sich anzusehen hat als die edelste unter allen sichtbaren Kreaturen. Ohne Eigenliebe keine Nächstenliebe. Er hat wachsam, vorsichtig, häuslich, sparsam, bescheiden, munter, emsig, in vielen Fällen verschwiegen zu sein. Seelenregungen – seien es zornartige oder begierliche – hat er im Zaum zu halten, hier wie in allem den Mittelweg zu gehen. Seinem Eheweib soll er mit Liebe, Sanftmut und Nachsicht begegnen. Züchtigung läßt das Gesetz zwar zu, sollte möglichst aber vermieden werden.

Die Frau hat ihm ehrerbietig, gehorsam, freundlich und bescheiden entgegenzutreten. Keineswegs darf sie ihm trotzig widerbellen (welch Jammer, daß ein so treffliches Wort aus dem Sprachgebrauch kommen konnte!). Nie darf sie hoffärtig, müßig oder verzagt sein und keinen Gefallen an aufwendigen Kleidern finden (obgleich doch Gott ein zierliches Kleid an einem Weibsbilde schätzt?). Sie soll häuslich sein wie eine Schnecke. – Aber das kennen wir doch «… und drinnen waltet die züchtige Hausfrau und herrschet weise im häuslichen Kreise und … reget ohn' Ende die fleißigen Hände …» Der Segen bleibt nicht aus: «Es füllt sich der Speicher mit köstlicher Habe, die Räume wachsen, es dehnt sich das Haus.» Florinus ist nicht Schiller. Er sagt – etwas weniger gehoben –, die Frau solle nicht wie ein Huhn auseinanderscharren, was der Hahn zusammengekratzt hat. Die Melodie ist die gleiche. Söhne müssen einen Beruf erlernen. Unterricht ist also nötig. Vor dem losen Treiben an Universitäten ist zu warnen.

Töchter müssen verheiratet werden. Bescheiden, sittsam und still haben sie sich beizeiten in die Hausarbeit zu schicken. Studieren? Eine absurde Vorstellung! Gäbe es doch unter hundert Männern nicht einen, der eine studierte Frau nähme! Wie bitte? Ach so – ja natürlich! Auch das peinliche Thema Sexualität berührt Florinus. Natürlich mit leicht gerötetem Kopf und mit Anstand. Über derart delikate Fragen muß mit der gebotenen Schicklichkeit gesprochen werden. Bei keinem anderen Thema ist die Verwendung von Verkleinerungssilben mehr angezeigt und geboten als hier: da passieren die Ei-

lein die Drüslein und Gänglein und erwarten die Samenbläslein. Das sittliche Gebot der Mäßigkeit und
des sicheren Mittelwegs gilt auch hier. Als niederge-
schlagener Venusritter ohne Kampf wird der Hausvater wenig Ehre einlegen und kann zudem noch
sein armes Eheweib der Gefahr der Jungfrauenkrankheit aussetzen. Wie im entgegengesetzten Falle
bei überviehischer Brunst die Franzosenkrankheit
heraufbeschworen werden könnte. Der recht bera-
tene Hausvater kann gar nicht fehlgehen, wenn er
sich stets vor Augen führt, daß der eigentliche Sinn
und Zweck des Ehestandes darin besteht, die Welt
mit Menschen und die Kirche Gottes mit Gläubigen
zu füllen.

Bis hierher scheint alles ganz einfach und erfreulich. Aber es gibt auch anderes, nämlich Arbeit. Und
daran ist nun Adam schuld. Oder Eva? Oder die
Schlange? Jedenfalls: hätten die ersten Menschen
die Tugend des Gehorsams höher geachtet, könnte
der Hausvater noch heute mit seiner Sozietät im
schönsten Paradiese in Müßiggang leben. Jetzt aber
bleibt ihm nur ein Abglanz vom Paradies in Gestalt
seines Gartens. Selbst wenn die Beschäftigung im
Garten in Arbeit ausartet, so ist es doch Lustarbeit,
weil Nachahmung des paradiesischen Urzustands.

Anders liegt der Fall bei der Feldarbeit. Sie wurde
Adam als Strafe auferlegt. Weil sie aber gerechtfer-
tigt und von Gott angeordnet worden ist, muß sie
ohne Murren akzeptiert werden. Die größten und
reichsten Leute haben das eingesehen. Mit Land-
wirtschaft kann man sich gar nicht genug befassen.
Grund genug auch, noch jede Menge Vieh zu halten, an dem ursprünglich mal der Reichtum gemes-

sen wurde. Auch über die wilden Tiere hat Gottvater Adam als Vasallen eingesetzt. Diese ganze Geschichte lehrt, wie verhängnisvoll Ungehorsam ist. Deshalb ist den Kindern auch jeder eigene Wille zu brechen. Je eher, desto besser. Ein Körnchen Erbmasse steckt eben in jedem Nachkommen Adams und Evas. Deshalb muß die Tugend täglich neu erkämpft werden. Auch bei den Erwachsenen.

Die notwendige Beschäftigung mit Erde und Getier zieht nun viele andere Studiengebiete nach sich. Die geheimsten Zeichen auf, über und unter der Erde muß der kluge Hausvater zu deuten und zu nutzen wissen. Er muß sich auskennen in Quellen und Wassern, in den Gestirnen und Wettervorzeichen, muß die Geburtsstätten der unterschiedlichen Steine und Erze wissen, muß Heilkraft und Gift unterscheiden können und Unzähliges mehr. Je mehr er sich mit Wissen um diese Dinge ausrüstet, um so angesehener wird seine Stellung sein.

Florinus denkt wirklich an alles, läßt nichts aus. Mit Bienenemsigkeit weiß er aus allen Blüten Honig zu saugen. Was immer seine Vorläufer an Wissen aufhäuften, er kennt es, sondiert und zitiert. Aber nicht genug damit, er fügt auch allem etwas hinzu, Eigenes, Persönliches, manchmal Zustimmendes, Ablehnendes, Anzweifelndes, Anekdoten und Historchen, denen es an Anschaulichkeit und Lebensnähe nicht fehlt. Daß er mitunter auch irrt – wer könnte es ihm nicht nachsehen! Gerade das macht ihn doch so menschlich. Seine Liebe gilt allem, was die Erde trägt. Alles – auch die sogenannte unbelebte Natur – ist ihm beseelt. Wasser und Wind haben menschliche Charaktereigenschaften, und

Steine werden geboren. Mit kindlichem Staunen steht Florinus immer wieder dem Mysterium des Lebens gegenüber. Kein Pflanzensame ist zu klein, als daß er nicht ein verborgenes Herzchen hätte. Und der menschliche Samen ist so subtil und flüchtig, daß er ohne Bindung an Flüssigkeiten verfliegen würde wie Alkohol. Und die Seelengeister sind die Dienstboten der Seele.

Hier wird der Autor zum Dichter. Ebenso dort, wo er das geheime Walten der Tierlein schildert, wie etwa den Maulwurf, dessen Gehör so scharf ist, daß er die Regenwürmer kriechen hört, oder Hühnlein, die sich auf Befehl der Mutter vor dem Falken in den Hühnerkorb retten. Und fast kommt Gruselstimmung auf, wenn bei herannahendem Unwetter die Kerzen dunkel brennen, die Eichenmöbel knarren, als ob sie bersten wollten... Um so mehr aber erschrecken wir nach soviel Zartgefühl und teilnahmsvollem Mitempfinden über die selbstverständliche Roheit, mit der Viehschlachtungen beschrieben werden. Wo bleibt da die Ehrfurcht vor dem beseelten Mitgeschöpf?

Manchmal weiß man nicht recht, ob Florinus seine Leser wirklich ernst nimmt oder den Schalk im Nacken hat. Der Hobbygärtner jedenfalls, der mit der Schüssel in der Hand auf das Aufsprießen von Salaten und Gewürzen wartet, wird sich wohl ein bißchen genarrt fühlen. Der Hausvater, der sich an die Zubereitung der empfohlenen Hausmittel wagt, wird sich fast unüberbrückbaren Schwierigkeiten gegenüber sehen. Woher nimmt man zum Beispiel so auf Anhieb Geiergalle oder das Holz eines alten Sarges, in dem eine Wöchnerin gelegen hat? Aber hier entschärft Florinus selbst die Bedingungen: ein normaler alter Sarg tut's auch.

Hoch aktuell dürften seine ökologischen Betrachtungen sein. Kein Trinkwasser sollte verwendet werden, wo schlechteres Wasser es auch tut. Auch die Frage, ob die ständige Nutzung den Boden auspovere, wird gestellt. Der Kreislauf von Wertung und Wiederverwertung bleibt stets im Auge.

An überraschenden Gedankenverschlingungen fehlt es nicht. Florinus fällt zu jedem Thema etwas ein. Wer hat je vor ihm so gründlich über Sympathie und Antipathie nachgedacht!? Ach, und über so vielerlei! Jeder Hausvater, der seine Verantwortung ernst nimmt, wird diesem Mann vor Dankbarkeit die Hände küssen.

Apropos, dieser Mann. Wer war er überhaupt?

Der blumige Name – man ahnt es – ist ein Pseudonym. Dahinter verbirgt sich Philipp von Sulzbach (1630 bis 1703), Sohn des Pfalzgrafen August von Sulzbach, eines Feldmarschalls im Dreißigjährigen Krieg. Philipp jedenfalls ging friedlicherem Tagewerk nach. Ohne Frage war er ein sehr fleißiger Mann. Aber ohne Frage hat er auch viele Helfershelfer gehabt. Wieviel, sagt er nicht nach. Nicht einmal das. Die Namen schon gar nicht, denn angeblich war der Mitautoren «Bescheidenheit dergestalt groß, daß sie das wohlverdiente Lob mit allergütigster Expression gegen sie nicht wollten berührt wissen». Sagt Florinus. Aber *ein* schwarzes Schaf gibt es immer: der Jurist und Hochfürstliche Nassauische Rat, des Heiligen Römischen Reichs-Stadt Nördlingen Consulent Johann Christoph Donauer verfügte nicht über eine dergestalt große Bescheidenheit und ließ sich mitsamt seiner Titel nennen. Vergebens auch suchen wir nach dem Namen des Kupferstechers, der das Werk «durchaus mit schönen und netten hierzu dienlichen sowohl eingedruckten als Folio-Kupffern versehen» hat. Allerdings hat der Hinterlistige auf einem Druck sein Monogramm verraten: «ACF fec.»

Durch diese Kupferstiche kann man sich nun wirklich alles noch viel besser vorstellen: den Hausvater im Sonntagsstaat mit lockiger Allongeperücke, knielangem Rock, Kniebundhosen, engen Strümpfen und Schnallenschuhen oder alltags im Hausmantel; die Hausmutter in barocker Prachtrobe mit Dekolleté und vorn spitzauslaufender Taille, mit weiten halblangen Ärmeln und weitem Rock oder alltags im schlichten Hauskleid mit Schürze.

Entweder der Künstler hat sich ungewöhnlich gut in den Text hineinversetzt, oder er hat eng mit Florinus alias von Sulzbach zusammengearbeitet. Jedenfalls sind die Stiche in Inhalt und Tonfall durchaus angemessen.

Es lohnt sich, sie genau zu betrachten. Allegorien und Symbole beherrschen den Teil, in dem sittliche Normen erörtert werden. Lebhafter geht es zu bei den Arbeitsdarstellungen. Welch ein Wirbel beispielsweise in der Küche! Da wird deutlich, daß man im Haushalt wirklich hundert Hände braucht und auf jeder Hand hundert Augen!

Bei der Darstellung des Hausvaters in seiner Bibliothek glaubt man Florinus alias von Sulzbach persönlich zu begegnen. So etwa mag er gewirkt haben zwischen Schreibtisch und Bücherregalen. Zettel an den Regalen verraten Autoren und Sachgebiete: Aristoteles, Plinius, Kirchner, Cartesius (Descartes), Hippokrates, Galenus, Paracelsus, Codex, Landrecht, Pandecta (Rechtsschriftensammlungen), Reichsabschied. Seltsamerweise mehr Medizinernamen als direkte Vorläufer des Hausvaterbuchs. Bei Florinus werden gewiß Agricola, von Hohberg oder Coler vornan gestanden haben.

So – genug der Worte und Kommentare! Das Werk – selbst noch in dieser Kurzfassung – steht für sich selbst.

Bedenken? Einwände? Nun ja, es ist nicht von der Hand zu weisen, daß der heutige Hausvater in einer komfortablen Neubauwohnung nicht ganz die gleichen Probleme hat wie der Hausvater vor annähernd dreihundert Jahren. Er muß nicht befürchten, daß die Katze ins Ofenloch kriecht und in ihrem Fell Glut auf den Heuboden trägt. Auf seinem Balkon – wenn er ihn hat – wird er kaum Bienen oder Seidenraupen züchten wollen, von Großtierhaltung ganz abgesehen. Er wird auch nicht all die geheimen Omen über die Witterung deuten müssen; die Wettervorhersage guckt er sich im Fernsehen an. Er wird auch nicht eine große Werkstatt brauchen, um möglichst alles selbst zu reparieren; statt dessen hat der Zettel mit den Rufnummern der Dienstleistungsbetriebe neben dem Telefon zu liegen ... Dafür aber hat der heutige Hausvater auch nicht diese gewaltige patriarchische Macht. Damit er sie wenigstens im Geistigen behält oder wiedererrichtet, möge dieses Buch ihn wappnen und mit Argumenten ausrüsten und ihm somit zu einer unentbehrlichen Labsal und Seelenspeise werden!

An dieser Stelle und zum Abschluß möchte ich mich sehr herzlich bei den Mitarbeitern der Wissenschaftlichen Allgemeinbibliothek des Bezirkes Schwerin für die Unterstützung bei der Arbeit mit den Originalbänden bedanken.

Ingrid Möller

ISBN 3-372-00198-2
ISBN 3-372-00252-0 (Leder)

1. Auflage
© 1988 by Union Verlag Berlin
Lizenz-Nr. 395/3718/88 · LSV 0709
Printed in the German Democratic Republic
Satz und Filmherstellung:
Druckerei Neues Deutschland, Berlin
Druck: Druckwerkstätten Stollberg
Buchbinderische Verarbeitung:
Buchbinderei Südwest, Leipzig
Fotoreproduktionen: Thomas Helms
Gestaltung: Matthias Gubig

700 235 3
01180
Leder
700 284 7
05800